Gütersloher Taschenbücher 112

Willi Marxsen

Die Sache Jesu
geht weiter

Gütersloher Verlagshaus
Gerd Mohn

Originalausgabe

CIP-Kurztitelaufnahme der Deutschen Bibliothek

Marxsen, Willi
Die Sache Jesu geht weiter.
(Gütersloher Taschenbücher; 112)

ISBN 3-579-03812-5
Gesamtherstellung: Clausen & Bosse, Leck
Umschlagentwurf: Dieter Rehder, Aachen
Printed in Germany

Inhalt

Zur Einführung

Vor gut einem Jahrzehnt (genau: am 7. Januar 1964) habe ich in einem Vortrag in der Alten Aula der Universität Heidelberg die Wendung gebraucht: Die Sache Jesu geht weiter. Inzwischen ist daraus so etwas wie ein Schlagwort geworden. Das hatte ich nicht vermutet, geschweige denn beabsichtigt, kann es aber jetzt natürlich auch nicht wieder rückgängig machen — trotz mancher Mißverständnisse, die sich damit eingestellt haben. Sehr viele haben diese Formulierung gern aufgenommen, andere haben sie entschieden abgelehnt. Auf beiden Seiten aber ist die Wendung nahezu immer so verstanden worden, als sollte damit ausgedrückt werden, was Christsein heute ausmacht. Ursprünglich war das damit jedoch gar nicht gemeint. In jenem Vortrag hatte ich vielmehr versucht, mit diesen Worten in unserer Sprache zu formulieren, was im Neuen Testament Auferweckung Jesu genannt wird. (Die Auferstehung Jesu als historisches und als theologisches Problem, 1964, S. 25 f.). Es ging mir also zunächst um eine exegetische, nicht jedoch um eine dogmatische Feststellung.

Da man beides jedoch nicht fein säuberlich auseinanderhalten kann, muß ich zugeben, daß in der exegetischen Aussage die dogmatische zumindest angelegt war. Damit bekommt das Problem dann allerdings ein Gewicht, das es ursprünglich nicht hatte. Über die Richtigkeit einer Exegese kann man diskutieren. Über eine dogmatische Wendung kann man das aber nicht in demselben Maße, zumal dann nicht, wenn das Bekenntnis tangiert ist; denn unterschiedliche Bekenntnisse trennen. An der *dogmatischen* Wendung »Die Sache Jesu geht weiter« trennen sich darum unter Umständen die Geister. Besonders eindrücklich hat das die sehr intensive Diskussion in der katholischen Theologie und Kirche gezeigt. Befürchtet z. B. Walter Kasper, daß eine Orientierung an der Sache Jesu zu einer »Plattfußtheologie« führen könne (Jesus der Christus, 1974, S. 19), so urteilt Karl Rahner sehr viel positiver. Er nimmt meine Formulierungen auf und sagt: »*Wenn* man verstünde, was die ›Sache Jesu‹ eigentlich und genau ist, und *wenn* man diese Sache als von seiner Person unablösbar begriffe, dann könnte man ... sagen, Auferstehung Jesu bedeute, daß es mit Jesu Sache nicht aus sei« (Chancen des Glaubens, 1971, S. 49).

Freilich kommt es jetzt auf das doppelte »Wenn« an. Einerseits muß geklärt werden, was inhaltlich unter der Sache Jesu, die weitergeht, zu verstehen ist. Andererseits gilt es, sich mit der Befürchtung auseinanderzusetzen, daß aus dem Glauben *an* Jesus (Christus) ein Glauben *wie* Jesus wird und *dabei* die Sache Jesu etwas, was Menschen (in einer Art Nachahmung Jesu) in ihre Hand nehmen können, was dann ihre eigene Sache wird und sich am Ende in nichts mehr von der Sache anderer Großer der Menschheit unterscheidet. Geht nicht auch ihre Sache weiter?

Solche möglichen Konsequenzen sind allerdings nicht nur befürchtet, sondern von sehr vielen nun gerade begrüßt worden. Hier wird doch, so sagt man, ein Weg in ein aktives, praktisches Christentum gewiesen, das auf jeden christologischen Ballast verzichten kann, den man sonst immer sehr mühsam interpretieren muß. An die Sache Jesu dagegen kann man sich auch ohne Christologie halten.

Mehrfach bin ich gebeten worden, in dieser Diskussion Stellung zu nehmen. Ich habe das getan in Vorträgen vor verschiedenen Kreisen und auf Akademietagungen. Im Weiter-Bedenken der Einwände und Probleme und in manchen Aussprachen bin ich zu der Überzeugung gekommen, daß man auch dogmatisch an der Wendung durchaus festhalten kann – wenn man sie richtig versteht. Einige dieser Arbeiten lege ich hier (zusammen mit zwei früheren) vor, weil ich das Zutrauen habe, daß sie auch in einer weiteren Öffentlichkeit hilfreich sein und der Klärung dienen können. Daß sich dabei gelegentlich Wiederholungen finden, läßt sich nicht vermeiden. Die Beibehaltung der Form des mündlichen Vortrages hat dann aber auch den Vorteil, daß die einzelnen Abhandlungen in sich geschlossen gelesen – und diskutiert werden können.

1. Die Sache Jesu
Plädoyer für einen Begriff

Die Sache Jesu geht weiter!
Das ist zunächst eine Behauptung, und zwar eine einigermaßen überraschende. Zum ersten Mal ist sie von Menschen aufgestellt worden, die Jesu Scheitern am Kreuz miterlebt hatten. In Galiläa waren sie ihm begegnet, hatten seinen Ruf gehört, sich auf ihn eingelassen und waren ihm gefolgt. Sie hatten ihren Alltag hinter sich gelassen, sich von Beruf und Familie getrennt, weil sie irgendwie erfahren hatten, daß dieser Mensch etwas anbot und ermöglichte, was sonst nicht zu erreichen war. Wie das im einzelnen aussah, wird später noch zu erörtern sein. Jedenfalls erfüllte Jesus Hoffnungen und wurde darum selbst für die zur Hoffnung, die sich als Jünger zu ihm gesellten.
In Jerusalem kam es zur Katastrophe. Ihr Meister wurde verhaftet. Obwohl die Stadt von Menschen wimmelte, die aus allen Teilen des Landes zur Feier des Passahfestes hier zusammengekommen waren, setzte sich niemand für ihn ein. Sie selbst verließ der Mut. Und als sie dann gar erlebten (oder davon hörten, weil sie sich selbst nicht in die Nähe der Ereignisse wagten), daß Jesus den grausamen Verbrechertod erlitt, mußten sie befürchten, einem der mancherlei Heilsverkündiger jener Zeit aufgesessen und von ihm betrogen worden zu sein. Sie flohen und versuchten, ihre eigene Haut zu retten. – Doch schon kurze Zeit danach erfuhren sie auf unerklärliche Weise (später wird das als Erscheinungen dargestellt), daß der gestorbene Jesus lebt, daß er der Herr ist, gerade in seiner scheinbaren Niederlage, daß sie darum gar keinen Grund zur Resignation hatten. Sie wußten sich nun selbst gesandt, sie verkündigten und wirkten, nicht im eigenen Namen, sondern gerade im Namen Jesu, des Gekreuzigten. Die Sache Jesu ging weiter.

I.

Die Menschen damals haben das freilich nicht mit diesen Worten formuliert. Die Formulierung ist vielmehr recht neu. Ich habe sie einmal benutzt, um in unserer Sprache auszudrücken, was Auferweckung Jesu heißt. (Die Auferstehung Jesu als historisches und als theologisches Problem, 1964, S. 25 f.). Diesem sprachlichen Versuch ist es dann ergangen, wie es solchen Versuchen oft zu ergehen pflegt: Sie werden von den einen als Hilfe empfunden, gern aufgenommen und weiter benutzt, weil man mit ihnen verstehen kann, was ohne sie häufig nur sehr viel schwerer zu verstehen ist. Andere lehnen sie jedoch ab, weil sie bezweifeln, daß die Formulierungen das sachgemäß wiedergeben, was sie eigentlich ausdrücken sollen. Sie halten solche Wendungen dann entweder für unangemessen oder für Verkürzung, Verflachung.

In diesem Fall kam aber noch etwas hinzu, was nicht bei jeder solchen Neuformulierung eintritt (und woran ich, als ich sie benutzte, gar nicht gedacht hatte): Die »Sache Jesu«, die weitergeht, wurde zu einem Schlagwort, das nun ein üppiges Eigenleben führte, völlig losgelöst von dem Kontext, in dem diese Wendung entstanden war. Hier aber, ich gestehe es gern, bin ich meines eigenen »Kindes« nicht immer froh geworden und dadurch in eine eigenartige Situation geraten. Einerseits muß ich ein Plädoyer in eigener Sache führen, muß, wenn ich die Wendung nicht zurückziehen will (was nach Lage der Dinge gar nicht möglich sein wird), neu begründen, warum ich damals so formuliert habe, warum ich trotz aller Polemik nicht zugestehen kann, daß es sich um eine Verkürzung oder Verflachung handelt. Andererseits muß ich mich aber auch gegen den Mißbrauch dieser Formulierung wenden, muß mich dabei fragen, ob ich selbst Anlaß dazu gegeben habe und wie ich weiterem Mißbrauch wehren kann (wenn das überhaupt möglich ist).

Vielleicht ist es gut, wenn ich dazu beide Gesprächspartner zunächst noch einmal an den Kontext erinnere. Ich wollte, wie gesagt, in unserer Sprache ausdrücken, was Auferweckung Jesu heißt. In dem Zusammenhang habe ich jedoch nicht nur diese eine, sondern zwei Wendungen vorgeschlagen, sie unmittelbar nebeneinander genannt und deutlich zu machen versucht, daß sie miteinander verstanden sein wollen. Die eine Wendung war eben diese: »Die Sache Jesu geht weiter.« Die andere Wendung lautet: »Er kommt auch noch heute.«

Mir liegt nun sehr daran, daß man beide Sätze im Zusammenhang stehenläßt. Reißt man sie nämlich auseinander und benutzt nur den ersten, dann kann es in der Tat leicht geschehen, daß diese Formulierung als

Verkürzung dessen verstanden wird, was die Aussage von der Auferwekkung Jesu meint. Denn wenn es nur darum ginge, daß eine »Sache« weitergetrieben wird, die Jesus von Nazareth einmal gebracht und begonnen hat, dann wäre nicht einzusehen, warum man überhaupt von seiner Auferstehung redet. Mit der Wendung »Die Sache Jesu geht weiter« würde man dann nicht das Bekenntnis zur Auferweckung Jesu *interpretieren,* sondern man würde dieses Bekenntnis zumindest als unnötig, wenn nicht gar als falsch (weil irreführend) bezeichnen und damit *eliminieren.* Ich darf aber wohl darauf hinweisen, daß ich das gerade nicht getan habe. Der Kontext zeigt ganz deutlich, daß ich diese Wendung in unmittelbarem Zusammenhang mit der anderen verstanden habe, nämlich mit der, daß Er auch heute kommt. Damit habe ich zum Ausdruck bringen wollen, daß ich durchaus einen Unterschied sehe zwischen dem Weitergehen der Sache großer Männer der Vergangenheit und dem Weitergehen der Sache Jesu. Denn daß diese großen Männer der Vergangenheit auch noch heute kommen, würde ich eben nicht sagen.

Die isolierte Benutzung der umstrittenen Wendung ist also schon eine Verkürzung dessen, was ich ausgeführt habe. Ich muß daher beide Gesprächspartner fragen, ob sie bei ihrer Polemik gegen diese Formulierung oder bei vorschnellem (und *dann* wirklich oft: bei verkürztem) Gebrauch den Kontext genügend beachtet haben. Dabei zielt meine Frage natürlich stärker auf die, die sich mit der Wendung kritisch auseinandergesetzt haben, denn bei ihnen hätte man die Beachtung des Kontextes doch eigentlich voraussetzen dürfen. Wer dagegen die Wendung schon als Schlagwort kennengelernt hat, weiß normalerweise gar nicht, woher sie stammt und wie sie im ursprünglichen Zusammenhang einmal verstanden werden sollte.

Um mit den Letzteren zu beginnen: Sie kann man am Ende nur fragen, ob das, was sie jetzt für die *Sache* Jesu ansehen und ausgeben, wirklich die Sache *Jesu* ist. Diese Anfrage müssen sich ja billigerweise auch die Benutzer des Schlagwortes gefallen lassen, wenn sie Anspruch darauf erheben, als Gesprächspartner ernst genommen zu werden. Denn man darf doch unterstellen, daß sie nicht irgendwas als Sache Jesu ausgeben wollten (also etwas, was »man« heute für spezifisch christlich hält), sondern daß sie sich Rechenschaft abgelegt haben über die Inhalte dessen, was sie als Sache Jesu bezeichnen: nämlich das, was im (und hinter dem) Neuen Testament als Sache *Jesu* erscheint. Ich fürchte nun allerdings, daß man dabei nicht immer die nötige Sorgfalt walten ließ. Das mußte dann jedoch die ganze Wendung in Mißkredit bringen.

Ich nenne dafür nur ein Beispiel. In einer sogenannten politischen Theologie erscheint als Sache Jesu das, was man gelegentlich Sozialpietismus genannt hat. Jesu Sache versteht man dann als Eintreten für die Unterdrückten, die Armen, die Bedrängten, die sozial Unterprivilegierten. Daß man das alles in den Evangelien findet, ist nicht zu bestreiten. Erscheint das dort aber so, daß man gleichsam von einem Programm Jesu reden kann, zu dessen Durchsetzung er sich verpflichtet wußte und zu der er andere aufrief? Man hätte doch wohl erst einmal genauer prüfen sollen, wie das alles mit der von Jesus angesagten *jetzt* einbrechenden Gottesherrschaft zusammenhängt, zumal gegenwärtig doch ein weitgehender Konsensus darüber besteht, daß wir es hier mit dem Zentrum der Verkündigung und des Wirkens Jesu zu tun haben. Daß man diese »Naherwartung« als einen »Irrtum« Jesu bezeichnet, ist freilich auch eine verbreitete Ansicht. Darauf wird noch einzugehen sein. Mit diesem »Irrtum« aber zugleich den *ganzen* Komplex »Einbruch der Gottesherrschaft« zu eliminieren, war auf jeden Fall voreilig. Denn genau hier haben wir es mit einem Proprium Jesu zu tun. Ganz sicher ging es Jesus um »Veränderung der Verhältnisse«. Ebenso sicher war ihm, daß das durch Menschen geschehen sollte. Niemals aber hat er es so verstanden, daß es sich um ein Programm handelte, dessen Durchführung im Rahmen menschlicher Möglichkeiten liegt, denn der Mensch ist eben nicht in der Lage, die Gottesherrschaft zu bringen – obwohl er natürlich in der Lage ist, die Verhältnisse zu ändern. *Das* bleibt durchaus eine menschliche Möglichkeit. Gibt man die indes als Sache Jesu aus, dann ist das nicht mehr Sache *Jesu.* Indem man sie für »machbar« erklärte, hat man sie dessen beraubt, was für sie unverzichtbar ist.

Hand in Hand mit der Eliminierung der einbrechenden Gottesherrschaft aus der Sache Jesu ging der Verlust der Christologie. Hier liegen die Dinge freilich ein wenig anders. Man eliminierte sie nicht, denn *explizit* liegt in der Sache Jesu *keine* Christologie vor. Aber nur wenn man die Sache Jesu als einbrechende Gottesherrschaft versteht, erkennt man, daß sie eine Christologie zumindest *impliziert.* Mögen uns heute manche christologischen Aussagen (Präexistenz, Gottessohnschaft, Messianität usw.) auch fremd erscheinen und also der Interpretation bedürfen, so sind sie deswegen doch keineswegs unsachgemäß. Es mag nicht ganz einfach sein, das zu erkennen, zumal man sich dabei auch noch gegen einen Trend stemmen muß, der (mindestens seit der Aufklärung deutlich erkennbar) als Aversion gegen jede Christologie charakterisiert werden kann. Jesus als Mensch, als Vorbild, als Lehrer, dann auch vielleicht noch als Revolutionär, das konnte man sich vorstellen. Die Christologie aber erschien unerschwinglich. Mit einer Sache Jesu, wie man sie jetzt verstand (eben ohne Bezug zur einbrechenden Gottesherrschaft), schien sich eine Lösung anzubieten. Denn jetzt erwies sich eine Christologie, mit der man ohnehin nicht recht fertig wurde, als von *dieser* Sache her unnötig. So konnte man sie endlich aufgeben. Orientierung an der Sache Jesu wurde nun verstanden als Orientierung an einer Sache, einem Programm, einer Zielvorstellung, die vom historischen Jesus ins Leben gerufen worden war.

Genau das hatten die befürchtet, die es für bedenklich hielten, die Aussage von der Auferweckung Jesu mit der Wendung zu interpretieren, daß seine Sache weitergeht. Hinsichtlich dieser Befürchtung haben sie offensichtlich häufig recht gehabt. Sie hätten das aber nicht mir vorwerfen sollen, denn ich fühle mich von diesem Vorwurf nicht getroffen. Man kann mich doch nur schlecht für Folgen verantwortlich machen, die sich aus einer Verkürzung des von mir nicht nur Gemeinten, sondern ausdrücklich auch Gesagten ergeben. Ich hatte ja gerade nicht unterschlagen, daß Er auch noch heute kommt, hatte (sogar relativ ausführlich) beide Wendungen miteinander verknüpft. Nun argumentierte man häufig: Es geht um eine Person, nicht um eine Sache. Doch dieses Argument trifft mich nicht.

Im Verfolg solcher Polemik brachte man jetzt gerade wieder die Christologie kräftig ins Spiel. Man hob hervor, daß unlösbar mit dieser Person ihr Geschick verbunden sei, der Tod am Kreuz und die Auferweckung des Gekreuzigten. Oft führte das dann dazu, daß alles nicht nur ausgerichtet wurde auf den erhöhten Herrn, sondern daß gerade das »Ereignis« seiner Erhöhung Gewicht bekam, weil damit eine scharfe Trennungslinie zum irdischen Jesus gezogen sei.

Nun empfinde ich die Alternative »Person, nicht Sache« als ganz und gar unglücklich. Sie ist doch einfach schief, muß darum ein gefährliches Mißverständnis provozieren, hat es wohl auch häufig getan. Ich will das zeigen.

Es besteht doch weitgehend Einigkeit darüber, daß (der historische) Jesus sich noch nicht als Messias oder Gottessohn (in einem christologischem Sinne) bezeichnet hat. Das tat erst die nachösterliche Gemeinde. Erst in ihr gab es (explizite) Christologie. Damit wird dann ein Datum angegeben, das aber mehr besagen soll als die bloße Bezeichnung eines terminus a quo für die Explizierung der Christologie, sondern dieses Datum soll zugleich ein besonderes sachliches Gewicht haben. Häufig spricht man in diesem Zusammenhang von der zu Ostern geschehenen Äonenwende, von der damals angebrochenen neuen Zeit – und läßt eben damit den irdischen Jesus dahinter zurück. Dieser sah, wie man immer wieder betont, die Gottesherrschaft noch vor sich. Sie war für ihn Zukunft. Eben diese Zukunft soll dann mit Ostern Gegenwart geworden sein, so daß man nach Ostern auf die eingebrochene Gottesherrschaft zurückblicken konnte. Damit tritt zu der ersten Alternative (Person, nicht Sache) eine zweite: Es geht nicht um die Sache Jesu, sagt man, sondern es geht um den auferweckten, den erhöhten Christus.

Das wirft dann allerdings die grundsätzliche Frage auf, in welchem Verhältnis dieser (erhöhte) Christus zum irdischen Jesus steht. Natürlich behauptet man die Identität beider. Aber welchen Wert kann die Behauptung der Identität von Personen haben, wenn man sie an den Personen selbst nicht zeigen kann? Jesus von Nazareth und (der erhöhte) Christus sind in keiner Weise miteinander zu vergleichen. Soll es aber entscheidend auf Christus ankommen, dann steht Jesus irgendwie unter einem Minuszeichen, und mit ihm natürlich auch seine Sache, also das, worum es ihm ging, worauf es ihm ankam. Erst durch die Erhöhung Jesu wurde dieses Minuszeichen weggenommen, weil jetzt aus einem Noch-nicht ein Schon geworden war. Diese weitverbreitete Auffassung stellt nun jedoch einerseits vor eine erhebliche Schwierigkeit, mit der man kaum fertig wird, signalisiert dann aber auch eine eigentümliche Verkürzung.

Die Schwierigkeit besteht darin, daß man jetzt nicht mehr erklären kann, wieso es überhaupt noch zum Entstehen der synoptischen Evangelien kam. In ihnen geht es doch ohne jeden Zweifel immer noch irgendwie um die Sache *Jesu*. Die Werke sind nach dem Datum Ostern entstanden. Muß man dann nicht aber fragen, ob sie nicht im Grunde durch Ostern (durch die Erhöhung Jesu) bereits überholt sind? Sie stellen doch einen christologischen Anachronismus dar, da sie (Jahrzehnte später!) immer noch die Situation des Noch-nicht zeichnen, jedenfalls in der Masse der von ihnen gebotenen Traditionen. Wie will man das erklären?

Eine Antwort auf diese Frage hat man bis heute nicht gefunden, sosehr man sich darum bemüht hat. Aber vielleicht ist das gar keine echte Frage, weil die Voraussetzung, unter der sie gestellt wird, nicht geklärt ist. Wenn man z. B. der Behauptung, Ostern bedeute, die Sache Jesu geht weiter, entgegenhält, daß es nicht auf Jesus und seine Sache, sondern auf den Erhöhten ankomme, dann kann das sehr leicht zu einer Verkürzung führen, die der genau entgegengesetzt ist, die man dieser Wendung vorgeworfen hat. Denn vergißt man jetzt nicht gar zu leicht, daß es keineswegs gleichsam isoliert um einen erhöhten Christus gehen kann, sondern zugleich immer um sein »Kommen«? Ist es nicht problematisch (um es einmal mit zwei anderen Begriffen auszudrücken), von einem Heiland zu reden, wenn man nicht *zu gleicher Zeit* von dem Heil redet, das er anbietet und bringt? Den »Heiland« kann doch immer nur *der* Heiland nennen, der etwas von seinem Heil weiß. Es scheint mir sinnlos, isoliert nur eine *Person* als Heiland anzubieten. Ebendarum halte ich ja auch die Gegenüberstellung »Person, nicht Sache« als Alternative für schief. Die Frage ist dann allerdings, wie man beides zueinander in Beziehung setzt, ob man das muß, und wie man das kann.

Darauf wird noch einzugehen sein. Vorher kann aber etwas anderes deutlich gemacht werden. Ich hatte gesagt, daß die Identität des Irdischen mit dem Erhöhten zwar behauptet wird, in keiner Weise aber dadurch gezeigt werden kann, daß man die »Personen« miteinander vergleicht. Wenn man sich nun jedoch nicht isoliert an der »Person« des Erhöhten orientiert, sondern auf das Heil blickt, das er bringt und das durch ihn erfahren ist, dann bietet sich eine wirkliche Vergleichsmöglichkeit an. Denn nun kann man doch fragen, wie sich dieses Heil (des Erhöhten) zu der Sache Jesu verhält. Daß zwischen dem irdischen Jesus und dem auferweckten Erhöhten eine *christologische* Differenz besteht, ist nicht zu bestreiten. Insistiert man jedoch allein darauf und geht man einseitig davon aus, schließt man natürlich schnell auf eine *soteriologische* Differenz. Gilt für Jesus ein Noch-nicht, steht dann auch seine Sache unter diesem Noch-nicht. Brachte die Auferweckung die Äonenwende und damit den Anbruch des Schon, dann hat das vom Auferweckten gebrachte Heil (aber erst dieses!) die Qualität des Schon. Geht man von der christologischen Differenz aus, ist beides nur folgerichtig. Anders dagegen ist es, wenn man den Vergleich bei der Soteriologie ansetzt. Dann ist es zumindest denkbar, daß keine Differenz vorliegt. Trifft das zu, hätte man in der Tat die Möglichkeit, von der Identität des Irdischen mit dem Erhöhten zu reden. Diese durchweg anerkannte Behauptung ließe sie jetzt einsichtig machen. Insofern es um dasselbe Heil geht, könnte man die Bringer des Heils identifizieren. Dabei bräuchte die christologische Differenz nicht eingeebnet zu werden. Es bliebe die Aufgabe, sie zu erklären. Man machte sich aber nicht von vornherein von ihr abhängig.

Relativ leicht ließe sich dann auch die (seit Bultmann) übliche Unterscheidung zwischen impliziter und expliziter Christologie erklären.

Mehr noch! Man könnte zeigen, daß die explizite Christologie nicht etwa nur eine Entwicklungsstufe darstellte, die unter den damaligen Bedingungen und Vorstellungen erklärt werden kann, auf die wir aber heute verzichten können. Sondern man könnte erkennen, daß diese Christologie eine Explizierung der Sache selbst ist, die man gerade nicht ersatzlos streichen kann, wenn man an der Sache Jesu orientiert bleiben, diese aber nicht verkürzen will.

Ich sagte, es scheint mir sinnlos, isoliert einen Heiland anzubieten, ohne zugleich etwas von seinem Heil zu sagen. Keineswegs sinnlos dagegen scheint mir zu sein, Heil anzubieten, ohne den Heiland *ausdrücklich* zu nennen. Wenn Jesus in der Vergangenheit durch seine Verkündigung eine Sache lediglich einmal in Gang gesetzt hat oder wenn er auf ein (vielleicht schon bald) kommendes Heil hingewiesen hat, dann steht er selbst draußen vor. Man kann dann später zwar wissen, daß diese Sache einmal von ihm ausgegangen ist; aber auf ihn kommt es dann nicht mehr an, sondern nur auf seine Sache. Er selbst könnte bestenfalls als Beispiel dafür verstanden werden, wie diese Sache gelebt wird; aber eine Christologie wäre unnötiger Ballast. – Bei dem Heil, das der Erhöhte anbietet, könnte man das jedoch nicht sagen, denn wenn dieses Heil als Heil Gottes erfahren wird, dann ist die explizite Christologie ein sachgemäßer Ausdruck dieses Heils. Hatte die Sache Jesu aber dieselbe Qualität?

Bultmann spricht davon, daß die *Verkündigung* Jesu eine Christologie implizierte. Ich halte das für eine Verengung, die dann zu einer Verkürzung führt. Ich meine, daß man Jesu Verkündigung nicht von seinem Tun und seinem Verhalten trennen kann. Darum verstehe ich sein gesamtes Wirken als Ausdruck seiner Sache. Die Frage ist jetzt, wie dieses Wirken erfahren worden ist. War es etwas, womit Jesus einen Anfang setzte, den man nun an ihm ablesen und fortsetzen konnte, dabei, wie Jesus, unterwegs zu kommendem Heil? Dann implizierte dieses Wirken kaum eine Christologie. Wenn aber Jesu Sache (und das heißt nun eben: Er selbst in seinem Verkündigen, Tun und Verhalten) als Heil Gottes erfahren wurde, dann *mußte* das zwar *nicht* in einer Christologie explizit werden, dann war aber dennoch die explizite Christologie sachgemäßer Ausdruck dieses Heils. Dann bedeutet, daß die Sache Jesu weitergeht, zugleich, daß Er auch heute kommt.

Das ist jetzt zu prüfen.

II.

Ich orientiere mich dabei an den eng miteinander zusammenhängenden Vorstellungen von der Äonenwende und dem Kommen des Reiches Gottes, weil immer wieder behauptet wird, daß hier die entscheidende Differenz zwischen Jesus und der Urgemeinde am deutlichsten in Erscheinung tritt.

Jesus, so wird dann gesagt, kündigte die Nähe des Reiches an. Auf sein Kommen blickte er aus; in naher Zukunft erwartete er es. Man verweist dabei auf Mk 1,15: »Erfüllt ist die Zeit, und genaht ist das Reich Gottes. Kehrt um und glaubt an das Evangelium!« Man ist sich zwar weitgehend einig darüber, daß wir es in diesem Vers nicht mit der wörtlichen Wiedergabe einer Rede Jesu zu tun haben, wohl aber mit einer sachgemäßen Zusammenfassung seiner Verkündigung. Jesu Wirken wird dann gesehen unter dem Gesichtspunkt der Erwartung.

Ganz anders dagegen soll es in der Urgemeinde gewesen sein. Hier verweist man vor allem auf Paulus und zitiert gern die Stelle 2 Kor 5,17: »Ist jemand in Christus, dann ist er neue Schöpfung; das Alte ist vergangen; siehe, Neues ist geworden.« Nach diesen (und ähnlichen) Paulus-Worten kann man sich jetzt auf (den erhöhten) Christus einlassen; und damit kann im Leben der Christen das Neue Wirklichkeit werden: Sie sind dann neue Schöpfung. Christologie und Soteriologie sind aufeinander bezogen. Das Neue ist aber deswegen jetzt eine Möglichkeit, weil die Äonenwende, auf die Jesus noch ausblickte, inzwischen geschehen ist. So ist aus der Erwartung Erfüllung geworden. Man hat im Rücken, was für Jesus noch (und nur) Zukunft war.

Verhielte es sich so, dann läge in der Tat ein tiefgreifender Unterschied zwischen der Sache Jesu und dem Heil des Christus.

Aber das Ganze ist doch einfach eine schematisierende Verzeichnung. Mindestens was Paulus betrifft, läßt sich das schnell zeigen. Es ist zwar überhaupt nicht zu bestreiten, daß Paulus und die Urgemeinde von einem Schon reden, wenn sie auf ein Geschehen in der Vergangenheit zurückblicken, von dem sie bekennen, daß dort Gott entscheidend gehandelt hat. Damals hat in der Tat ein Neues begonnen, aus dem man jetzt leben kann. Erwartungen haben sich erfüllt. – Nur weiß man doch auch in der Urgemeinde darum und hat besonders Paulus in manchen seiner Gemeinden erleben müssen, daß man dieses eingebrochene Neue gefährlich mißverstehen konnte. Insbesondere geschah das durch (gnostische) Enthusiasten, Schwärmer und Perfektionisten, die sich auf Grund des eingebrochenen Neuen bereits am Ziel wähnten, den Geistbesitz behaupteten, die Vollkommenheit erlangt zu haben meinten und – einer libertinistischen Ethik verfielen. Alles, so meinten sie, sei ihnen erlaubt (1 Kor 6,12; 10,23); und der Zustand der Gemeinde in Korinth zeigt deutlich, daß man diesen Grundsatz gefährlich ernst nahm.

Dagegen wendet sich Paulus; und es ist bezeichnend, wie er das tut. Keineswegs bestreitet er das Schon; und dennoch wendet er sich gegen das perfektionistische Mißverständnis mit dem sogenannten eschatologischen Vorbehalt, indem er das (auch von ihm stets behauptete) Schon mit Hilfe eines Noch-nicht durchkreuzt. So sagt er z. B., daß die Glaubenden wirklich schon den Geist haben, aber in dieser vergehenden Welt immer nur als »Erstlingsgabe« (Röm 8,23), d. h. gleichsam als »Anzahlung« (2 Kor 1,22; 5,5); der wirkliche Vollbesitz bleibt Verheißung für die Zukunft. Christen haben einen unermeßlichen Schatz, haben ihn jedoch in irdenen Gefäßen (2 Kor 4,7). Paulus zeichnet sich selbst als einen, der von Jesus Christus ergriffen worden ist, und betont im gleichen Zusammenhang, daß er noch nicht vollendet sei, daß er sich nicht so einschätze, als hätte er alles schon in die Hand bekommen (Phil 3,12f.). Belege dieser Art gibt es bei Paulus in Fülle.

Dann aber ist es eben problematisch zu sagen, Paulus habe die Äonenwende bereits hinter sich, wenn man nicht sofort diesen Satz gegen das Mißverständnis absichert, als sei damit gleichsam ein Zustand ausgedrückt. Ob man bei Paulus gegenüber einer bloßen Erwartung bei Jesus von inzwischen eingetretener Erfüllung reden kann, müssen wir noch prüfen. Spricht man aber bei Paulus von Erfüllung, dann ist das einseitig, wenn man nicht zugleich sagt, daß es diese Erfüllung immer nur in der Gestalt der Erwartung gibt. Immer noch lebt auch der Christ in diesem vergehenden alten Äon, hat immer noch das Ende dieses Äons vor sich. Paulus benutzt nie den Begriff Äonenwende; und es war wohl unglücklich, ihn in diesem Zusammenhang einzuführen, zumal der Apostel ausdrücklich davon reden kann, daß das Reich Gottes ein zukünftiges Erbteil ist (1 Kor 6,9). Und wenn die Äonenwende das Reich Gottes einleitet, dann ist sie für Paulus eben *auch* eine zukünftige Größe. Was der Apostel im Rücken hat, ist eine wirkliche, aber dennoch eine gebrochene Erfüllung der Erwartung, die, weil sie gebrochen ist, auch als Erfüllung Erwartung bleibt. So sind die Christen wirklich schon Söhne des (kommenden) Lichtes und des (kommenden) Tages (1 Thess 5,5); sie sind es aber immer als solche, die noch im Dunkel und in der Nacht dieser Welt leben, den »Tag« noch vor sich haben (1 Thess 5,1). Sie *sind* zwar erlöst, aber auf *Hoffnung* (Röm 8,24).

Kann man also bei Paulus auf keinen Fall ungebrochen von einer Erfüllung sprechen, weil man das Moment der Erwartung nicht eliminieren darf, so wäre nun zu fragen, ob man bei Jesus ungebrochen von Erwartung sprechen muß oder ob nicht hier vielleicht dem Moment der Erwartung irgendwie das Moment der Erfüllung zuzuordnen ist.

An dieser Stelle muß ich allerdings zunächst kurz auf ein methodisches Problem eingehen. Da wir keine einzige Zeile von Jesu eigener Hand besitzen, können wir zumindest nicht unmittelbar über Jesu Stellung zum kommenden Gottesreich reden, sondern wir müssen alles gleichsam in eine Klammer setzen: Wir erfahren nur, wie Jesus verstanden worden ist. Diese Einschränkung darf man keineswegs als Ausdruck einer historischen Skepsis verstehen, sondern sie ist lediglich die Konsequenz aus der Einsicht in den Charakter unserer Quellen. Diese stammen nicht von neutralen Beobachtern, sondern von Gekaubenden, d. h. von Menschen, die sich auf Jesus eingelassen haben, die sich von ihm in eine Betroffenheit rufen ließen und die nun diese Traditionsstücke formulierten, um damit andere in dieselbe Betroffenheit zu rufen. In der theologischen Fachsprache spricht man davon, daß wir es mit Kerygma zu tun haben. Damit ist kein historisches Werturteil über die Inhalte dieser Traditionen gefällt, soweit sie Vergangenes erzählen. Es handelt sich vielmehr um ein Urteil über die literarische Gattung. Es sind Glaubenszeugnisse in doppeltem Sinne. Sie sind von Glaubenden formuliert und insofern Ausdruck eigenen Glaubens; und sie wollen zum Glauben rufen. Unsere Frage muß also präzise lauten: Wie ist von Betroffenen Jesu Ansage der Gottesherrschaft verstanden und aufgenommen worden?

Um nun das für Jesus Eigentümliche zu erkennen, muß man wissen, wie zu damaliger Zeit im Judentum vom Reich bzw. von der Herrschaft Gottes gesprochen wurde. Die benutzten Begriffe überschneiden sich zum Teil. Da das auch noch innerhalb des Neues Testaments geschieht, ergeben sich gewisse Unsicherheiten, wenn man sich lediglich an Begriffen (= »Vokabeln«) orientiert. Betrachtet man sie jedoch in ihren Kontexten, wird das Problem gleich deutlicher. Es lassen sich zwei Aspekte erkennen, die zu unterscheiden sind: ein präsentischer und ein futurischer. Es kann jetzt hilfreich sein, wenn man (unabhängig von den jeweils im Kontext benutzten Begriffen) beim präsentischen Aspekt von der Herrschaft Gottes, beim futurischen Aspekt vom Reich Gottes redet. Dann ergibt sich folgende Unterscheidung: Die *Herrschaft* Gottes kann der Mensch jetzt auf sich nehmen. Nach jüdischer Auffassung tut er das, wenn er die Gebote Gottes bis in die Einzelheiten hinein erfüllt. So gesehen hat der Mensch es dann selbst in der Hand, die Herrschaft Gottes kommen zu lassen. – Das ist beim futurischen Aspekt jedoch nicht (oder nur bedingt) der Fall. Denn das *Reich* Gottes ist der kommende Äon, den Gott selbst heraufführen wird. Der Mensch hat höchstens die Möglichkeit, durch »Buße« das Kommen des Reiches zu beschleunigen. Dieses selbst bleibt dabei aber dennoch immer Gottes Werk. Der Mensch ist dabei passiv. Er kann das Reich nur erwarten, empfangen, ererben. Geschehen soll das nach der Äonenwende, mit der Gott den gegenwärtigen bösen Äon durch den kommenden endgültigen ablösen wird. Manchmal blickt man auf Zeichen aus, die das Ende dieser Weltzeit ankündigen. Es gibt auch die Vorstellung, daß die Äonenwende von Katastrophen (Erdbeben, Hungersnöten) und Kriegen begleitet sein wird. Im kommenden Äon, im Reiche Gottes, wird das Heil dann als Zustand erwartet für Israel oder für die Gerechten der ganzen Welt. Es ist das Reich des Friedens, der immerwährenden Gemeinschaft mit Gott, die häufig als Tischgemeinschaft vorgestellt wird. Die bange Frage für die Menschen in diesem alten Äon ist jetzt immer, wann dieses Reich kommt und ob man selbst daran teilhaben wird.

Genau aber diese Frage wird durch Jesus gleichsam überholt. Jedenfalls ist er so von den Seinen verstanden worden. Er knüpft an an die Vorstellung vom kommenden Äon, also an die vom »Reich«, modifiziert sie jedoch durch die andere von der »Herrschaft«. Genau das hat dann zu der in der Forschung immer wieder diskutierten Frage geführt, ob für Jesus das Reich Gottes (bzw. die Gottesherrschaft) eine zukünftige Größe sei, die er vielleicht als ganz nahe bevorstehend erwartete, die aber auch so dennoch Zukunft blieb, oder aber ob es sich um eine gegenwärtige Größe handelt. Nimmt man ersteres an, dann muß man bei Jesus in der Tat von Erwartung reden. Bezieht man indes die zweite Möglichkeit ein, kann zumindest nicht mehr ausschließlich nur von Erwartung gesprochen werden. Man muß dann vielmehr irgendwie auch das Moment der Erfüllung dem der Erwartung zuordnen.

Nun kann wohl kaum ein Zweifel darüber bestehen, daß Jesus und seine Umgebung die Vorstellung vom kommenden Reich kannten und als Kinder ihrer Zeit mit dem Kommen des Reiches in der Zukunft rechneten. Höchstwahrscheinlich haben sie diese Zukunft sehr nahe gedacht; und darin haben sie sich geirrt. Berechtigt das aber, von einem Irrtum *Jesu* zu sprechen? Ich verstehe nicht, warum man darauf immer insistiert und diese Terminfrage bei ihm zu einem Sonderproblem macht. Hat sich denn Paulus nicht ebenso geirrt (vgl. 1 Thess 4,15 ff.; 1 Kor 15,51)?

Müssen wir nicht ganz unabhängig von der Terminfrage die ganze Vorstellung weitgehend als Irrtum bezeichnen? Die Menschen jener Zeit haben sich eben vielfach in ihrer Welt-Anschauung »geirrt«. Dennoch denkt heute doch wohl niemand mehr daran, diese »Irrtümer« in falscher Weise zu problematisieren. Warum verfährt man bei dem Teilproblem der Terminfrage anders? Es kann heute doch nicht darum gehen, alte Welt-Anschauungen zu übernehmen; sondern es gilt zu fragen, wo denn im Rahmen jener Vorstellungen das Spezifikum erkennbar wird. Versuchen wir, es in den Blick zu bekommen.

Geht man von der (allgemeinen) Vorstellung von der Erwartung des »Reiches« aus, fällt zweierlei auf. Einerseits findet sich eine (wenn auch freilich nur zurückhaltende) inhaltliche Modifizierung des Erwarteten. So kann z. B. Kritik geübt werden an allzu menschlichen Vorstellungen vom kommenden Äon (vgl. Mt 22,30). Andererseits wird die beliebte Frage nach den Zeichen der Zeit (Lk 12,54 ff.) entlarvt als ein Ausweichen vor gegenwärtiger Betroffenheit (V. 57!) Auf jedes Berechnen von Terminen wird verzichtet. Das alles hebt natürlich *im Rahmen der Vorstellung* vom kommenden Reich nicht dessen Zukünftigkeit auf.

Daneben findet sich dann aber auch eine ganz starke Betonung der Gegenwärtigkeit. Was an sich erst vom neuen Äon erwartet wird, geschieht schon jetzt (Mt 11,4–6). Jetzt fahren Dämonen aus (Mk 1,26); jetzt schon kann vom Gekommen-Sein gesprochen werden (Mt 12,28) und von der Gegenwart mitten unter den Hörern (Lk 17,21). Selbstverständlich ist diese Gegenwart des kommenden Reiches kein Zustand. Und insofern kann man (wenn wir unserer Terminologie folgen) nicht von der Gegenwart des »Reiches« Gottes (= des neuen Äons) reden. Dennoch wird eine Antizipation von Zukunft erlebt und erfahren; und mindestens insofern handelt es sich dabei tatsächlich um Erfüllung von Erwartung.

Das Spezifikum läßt sich vielleicht so ausdrücken: Das »Reich« bricht als »Herrschaft« in diese Welt ein. Das bringt zwei Modifizierungen mit sich. Zunächst diese: Nach jüdischem Verständnis konnte der Mensch selbst durch Befolgung des Gesetzes die Gottesherrschaft auf sich nehmen. Ihr Kommen war damit seine Sache. Das Bringen des neuen Äons dagegen war allein Gottes Werk. Eben dieses Motiv tritt jetzt in die Vorstellung von der Gottesherrschaft ein. Jetzt kann der Mensch sie nur so auf sich nehmen, daß er sie an sich selbst geschehen läßt. Damit hängt dann unmittelbar die zweite Modifizierung zusammen: Die Gottesherrschaft wird inhaltlich anders bestimmt. Sie kommt nicht durch das Tun des Gesetzes, sondern so, daß der Mensch die (ursprünglich erst im neuen Äon erwartete) endzeitliche Gemeinschaft mit Gott jetzt an sich geschehen läßt.

Aus dem Gesetz ist also Evangelium geworden; und in diesem Kontext ist dann Mk 1,15 zu exegesieren. Glaube an das Evangelium heißt, sich auf die jetzt einbrechende Herrschaft Gottes einlassen, die angebotene Gemeinschaft mit Gott wagen. Wo das aber geschieht, kann die Konsequenz nur lauten: sofortige Umkehr. Dabei kommt es entscheidend auf die Reihenfolge an. Die Umkehr ist nicht Vorbedingung für das Kommen der Gottesherrschaft, sondern sie ist Folge. In der Umkehr des Menschen kommt die einbrechende Gottesherrschaft an ihr Ziel.

Ist das Spezifikum so richtig angegeben, dürfte einleuchten, daß es in die Irre führt, wenn man jetzt von einem »Irrtum« Jesu hinsichtlich seiner Naherwartung des neuen Äons redet. Man wird wahrscheinlich nicht bestreiten können, daß er diese Vorstellung immer noch geteilt hat (wie diese Vorstellung auch noch einige Zeit die Urgemeinde begleitet, nun in der Gestalt der Naherwartung der Wiederkunft Jesu – als Menschensohn oder als Richter). Es wäre aber falsch, wenn man, wie es oft geschieht, sagte, Jesus hätte das in Kürze bevorstehende Einbrechen des »Reiches« Gottes verkündigt. Er mag damit gerechnet haben wie andere auch. Das trifft aber nicht das für ihn Kennzeichnende. Die Vorstellung, die er vielleicht mit Zeitgenossen teilte, erklärt er gerade für unwichtig. Es ist gefährlich, an ihr festzuhalten, weil sie den Menschen in dem Wahn hält, er hätte noch Zeit für sich selbst, bevor er zur Begegnung mit Gott kommt. Mit der Betonung dieser Vorstellung hält man sich gerade Gott vom Leibe. Jesus sagt dagegen an, daß keine Zeit mehr ist.

Wer dann die Umkehr wagt, erfährt dabei, daß er die Begegnung mit Gott im Kommen-Lassen der Gottesherrschaft nicht zu fürchten braucht, sondern daß hier wirklich Evangelium, Frohbotschaft, angesagt wird. Der König kommt als Vater. Die Gottesherrschaft bringt Liebe, Frieden, Heil, Geborgenheit. Wer sich darauf einläßt, braucht kein kommendes Gericht mehr zu fürchten, da das Urteil, das er (eigentlich) erst am Ende erwartet, jetzt schon ergeht (Lk 12,8; Mk 8,38).

All das haben Menschen an Jesus erlebt, an seinem Tun und Verhalten. Besonders sinnenfällig wird das da, wo er (endzeitliche!) Tischgemeinschaft hält, wo er sich zu den Sündern gesellt, den von der Gesellschaft Ausgeschlossenen, den Verachteten, den Kleinen. Das ganze Verhalten Jesu ist gründlich mißverstanden, wenn man darin den Ausdruck sozialer Gesinnung sieht und *das* nun als Sache Jesu ausgibt. Eine so verstandene Sache Jesu wäre nichts anderes als Gesetz. Die Gottesherrschaft entspräche dann gerade wieder der, die die Juden als eine eigene Angelegenheit auf sich nehmen wollten. Dabei wäre lediglich das Gesetz durch Jesus ein wenig verändert worden. Es bliebe jedoch auch dann noch Gesetz. Mit seiner Hilfe ließe sich vielleicht die Welt ein wenig verbessern. Und wer einer Utopie anhängt, rechnet damit, daß (angeregt durch Jesus) durch menschliches Bemühen die Verhältnisse so geändert werden können, daß ein vollkommener Zustand erreicht wird.

Solche Utopie kann sich aber nicht auf Jesus berufen; und wer dieses Programm als Sache Jesu ausgibt, hat Jesus im entscheidenden Punkt gerade mißverstanden. Denn nach ihm kommt die neue Welt nur durch Gott. Der Mensch ist dabei immer Empfangender. Das bedeutet aber umgekehrt nun wiederum nicht, daß der Mensch sich in der Weise in eine Haltung der Erwartung begibt, in der ihm nichts übrigbleibt, als das Kommen des Reiches herbeizusehnen, sein Kommen Zukunft bleiben zu lassen und so in der Distanz zum Reich zu leben. Nein, jetzt kann und will das Reich als Herrschaft einbrechen, die jedoch nie anders als durch Umkehr des Menschen zum Ziel kommt. Man muß hier von einer passiven Aktivität des Menschen sprechen. Wo diese Spannung aufgelöst wird, ist die Sache Jesu verdorben.

Ich fürchte, daß man das oft nicht gesehen hat. Dann ist aber natürlich verständlich, daß es um die Sache Jesu zum Streit kam. Diejenigen, die das Schlagwort aufnahmen und sich zur Aktivität ermuntert fühlten, übersahen, daß es sich um eine passive Aktivität handelt. Das haben die durchaus richtig erkannt, die durch Betonung der Christologie gegen eine so verstandene Sache Jesu polemisierten. Nur ist eine einseitige Betonung der Christologie wiederum in der Gefahr, die Spannung auseinanderzureißen, die in passiver Aktivität liegt. Hier *folgt* dann dem Empfangen das Tun. Und wenn das auch die (logisch) richtige Reihenfolge ist, so darf daraus niemals ein Nacheinander in dem Sinne werden, daß man meint, die Gabe anders haben zu können als im Tun. Denn die Gottesherrschaft kommt in der Umkehr des Menschen an und nie anders.

Da die Umkehr aber nicht das Herbeiführen eines Zustandes ist, muß sie immer neu gewagt werden. In der Gottesherrschaft kann man nicht stehen, sondern in ihr kann man nur gehen. So ist die Sache Jesu das Kommen-Lassen der Gottesherrschaft in der eigenen Umkehr. Insofern ist sie immer Erwartung und auch immer neu Erwartung. Wo aber die Umkehr gewagt wird, wird aus Erwartung Erfüllung.

Solche Erfüllungen hat man in der Umgebung Jesu erlebt. Einerseits hat man Jesu Tun und Verhalten als angebrochene Gottesherrschaft erfahren. Andererseits hat man sich dadurch und durch Jesu Verkündigung selbst darauf eingelassen, indem man in der eigenen Umkehr die Gottesherrschaft an sich und durch sich geschehen ließ. Genau das zeigen uns die Jesus-Überlieferungen in ihrem Charakter als Kerygma. Sie sind ja nicht nur auf Glauben aus (wie Jesu Verhalten, Tun und Verkündigung auf Glauben aus war), sondern sie sind auch aus Glauben formuliert (so wie Jesu Tun und Verhalten als aus Gott-Betroffenheit heraus erfahren worden ist). Darum läßt dieses Jesus-Kerygma erkennen, daß seine Tradenten eingebrochene Gottesherrschaft im Rücken wußten. Nur haben sie sie dabei nicht als eine ein für allemal geschehene *Äonenwende* im Rücken. Doch das ist ja, wie wir gesehen haben, auch bei Paulus nicht der Fall. Wohl· aber haben sie einmal eingebrochene Gottesherrschaft (an Jesus und durch Jesus an sich selbst) erfahren, die so, *wie* sie eingebrochen ist, in diesem Einmal in Jesus das Ein-für-alle-Mal eröffnet.

So geht die Sache Jesu weiter. Sie geht freilich nur als Sache *Jesu* weiter, wenn sie *so* weitergeht.

III.

Zum Schluß will ich noch kurz auf den Zusammenhang zwischen der Sache Jesu und der Christologie eingehen.

Man muß hier wohl etwas breiter ansetzen, als es meist geschieht. Ich halte es für eine Engführung, wenn man lediglich auf die Verkündigung Jesu blickt und Jesus dann als Verkündiger apostrophiert. Das führt dann (im Anschluß an Bultmann) zu den beiden bekannten Wendungen: Jesu Verkündigung impliziert eine Christologie; und: Der Verkündiger wurde (nach und durch Ostern) zum Verkündigten.

Ich meine nun, man kann durchaus sagen: Die Sache Jesu impliziert eine Christologie. Freilich darf man nicht den Schluß daraus ziehen, die Explizierung der Christologie sei die Voraussetzung dafür, daß die Sache Jesu weitergehen könne. Und auch den anderen Schluß darf man nicht ziehen, daß der Vorgang der Explizierung zu einer bloßen Qualifizierung der Person Jesu führt – in dem Sinne, daß nun Hoheitstitel auf ihn übertragen werden. Durchweg haben diese Titel doch einen funktionalen Charakter. Genau dieser Charakter kommt aber leicht aus dem Blick, wenn die Christologie sich in einer Spekulation über die Person verliert. Ich sagte vorhin schon, daß man sinnvoll nur dann vom

Heiland reden kann, wenn man zugleich von dem Heil redet, das er bringt.

Ist die Sache Jesu nun aber verstanden als Aussage erfahrenen Heils und ist sie zugleich das Angebot neuer Heilserfahrung, dann ist die Christologie die Explizierung der Qualität dieses Heils, und das heißt konkret: die Explizierung des erfahrenen und darum als erfahrbar angesagten Einbruchs der Gottesherrschaft. Eben das geschieht in den alten Traditionen unterschiedlich. Dabei lassen sich im wesentlichen zwei verschiedene Typen unterscheiden.

Im Rahmen der synoptischen Tradition steht das funktionale Moment im Vordergrund: Man zeichnet den wirkenden Jesus nach und zeichnet zugleich seine Wirkung gesteigert. Wundergeschichten werden auf ihn übertragen bis hin zu Naturwundern und Totenauferweckungen. Was eigentlich erst am Ende (vom neuen Äon) erwartet wird, wird als in Jesu Wirken schon angebrochen ausgesagt. Wer sich auf Jesus einläßt, läßt sich damit auf einbrechende Gottesherrschaft ein. Besonders deutlich wird das, wie schon erwähnt, in den Menschensohn-Traditionen. In der Begegnung mit Jesus ergeht jetzt bereits das Urteil, das man an sich erst in der Zukunft erwartete (Lk 12,8; Mk 8,38). Und dann legt es sich natürlich nahe, daß man Jesus selbst als Menschensohn versteht, weil er eben dessen Funktionen ausübt. Daß diese Übertragung des Titels auf Jesus erst nach (dem Datum) Ostern geschah, ist kaum zu bestreiten, wohl aber, daß es durch Ostern geschah. Das ist nicht durch eine »Ostererfahrung« veranlaßt, sondern durch die Erfahrung der Sache Jesu. Hatte man es bei ihr zu tun mit dem Einbruch der Gottesherrschaft, dann war nun eben Er es, der sie einbrechen ließ und durch den der Einbruch erfahren wurde. So wie erfahrenes Heil ihn als Heiland aussagen ließ, so ließ erfahrenes »Menschensohn-Urteil« ihn als Menschensohn aussagen. Bezeichnend ist ja eben auch, daß die Verwendung des Menschensohn-Titels auf die Evangelien beschränkt bleibt, nicht aber in dem von Ostern bestimmten Christus-Kerygma der neutestamentlichen Briefe begegnet. Jesu *Wirken* wurde als eschatologisches Ereignis verstanden; und die Sache Jesu ist dann das Angebot eschatologischen Ereignisses. Nun korrespondiert dem umfassenderen Verständnis dieses eschatologischen Ereignisses in späterer Zeit die umfassendere Darstellung dieses eschatologischen Ereignisses in der Vergangenheit Jesu. Eben damit aber bleibt das Wirken Jesu Gegenwart und mit seinem Wirken er selbst. Darum ist Er es, der heute kommt.

Gegenüber der Betonung des funktionalen Moments des Kommens Jesu in seiner Sache in der synoptischen Tradition liegt im Christus-Kerygma stärker der Akzent auf der Betonung der Person. Der Ausgangspunkt dieser Tradition ist das Kreuz Jesu. Es stellte die unmittelbar Betroffenen ja vor die radikale Frage: War Jesus mit seiner Sache gescheitert? Konnte *das Kreuz* die Konsequenz sein, die das Kommen-Lassen der Gottesherrschaft mit sich brachte? Das konnte doch nicht sein! Wer war denn eigentlich der, dessen Leben trotz des unerhörten Anspruchs in dieser Katastrophe endete? Zu seinen Lebzeiten hatte Jesus es abgelehnt, sich selbst zu legitimieren und durch Erfüllung von Zeichenforderungen den Nachweis seiner eigenen Qualität zu erbringen. Darum war es für seine Umgebung immer ein Wagnis, sich auf die von ihm angesagte einbrechende Gottesherrschaft einzulassen. Dabei hatte man erlebt, daß er selbst dieses Wagnis offenbar einging. Mußte dann aber sein Tod am Kreuz ihn nicht selbst widerlegen? Jetzt verwandelte sich die Frage nach seiner Sache in unausweichlicher Schärfe zur Frage nach seiner Person.

Die »Ostererlebnisse« haben diese Frage beantwortet. Ich will jetzt nicht auf das Problem eingehen, was damals geschehen ist. Ich habe das an anderer Stelle ausführlich getan. Das Bekenntnis zur Auferstehung Jesu bedeutete jedenfalls die Überwindung des Anstoßes, den sein Geschick hervorrief. Wie immer dieses Bekenntnis veranlaßt und ausgelöst war, es heißt stets dieses: Trotz seines Todes kommt Er auch noch heute. Eben das aber ist ein Ja zu seiner Sache, denn in der Selbigkeit der Sache ist es begründet, daß man den Auferstandenen mit dem Irdischen identifiziert.

Diese »personale« Christologie wurde weiter entfaltet bis dahin, daß man Gottesprädikate aufnahm. Versteht man die Sache Jesu als das Einbrechen der *Gottes*herrschaft, ist das nicht nur verständlich, sondern sachgemäß, denn wer anders als Gott kann diese Gottesherrschaft bringen?

Das macht dann aber auch ein Letztes deutlich. In der »Sache Jesu« ist das alte christologische Bekenntnis vere homo – vere deus (wahrer Mensch – wahrer Gott) gleichsam »zusammengebunden«. Man darf es nur nicht isolieren als Qualitätsaussage über die Person. Das führt zu Spekulationen darüber, wie man sich die Gottheit im Menschen Jesus vorstellen soll und wie die Menschheit dessen, der als Erhöhter auf dem Throne Gottes sitzt. Durch einen Menschen (der ein Mensch war, wirklich Mensch und nichts als Mensch) bricht die Gottesherrschaft ein, die nur Gott bringen kann. Und als Bringer der Gottesherrschaft wird dieser Mensch wirklich und ganz als Gott erfahren.

Wenn man das versteht, versteht man auch, daß heute menschliche Rede als Gottes Wort erfahren werden kann. Und die Sache *Jesu* geht nur dort weiter, wo Menschen in *passiver* Aktivität in *ihrem* Handeln *Gott* wirken lassen.

2. Seit wann gibt es christlichen Glauben?

Auf diese Frage hat Rudolf Bultmann eine eindeutige Antwort gegeben: »Christlichen Glauben ... gibt es erst, seit es ein christliches Kerygma gibt, d. h. ein Kerygma, das Jesus Christus als Gottes eschatologische Heilstat verkündigt, und zwar Jesus Christus den Gekreuzigten und Auferstandenen.« (Theologie des Neuen Testaments, S. 2.) Das Wörtchen »erst« will in diesem Zusammenhang unmißverständlich klarmachen: Christlichen Glauben gab es noch nicht in der Zeit des irdischen Jesus. — Stimmt das aber?

Als Sie mir die Frage unseres Themas stellten, verbanden Sie damit die Erwartung, daß ich mich mit dieser Behauptung Bultmanns auseinandersetze, zumal Sie vermuteten, daß ich ihr so nicht zustimmen könne. Das ist in der Tat der Fall; und ich will versuchen, das zu erläutern.

Es handelt sich bei unserem Problem um einen Teilaspekt des größeren Komplexes, den man im allgemeinen bezeichnet als Frage nach dem historischen Jesus und nach dessen theologischer Bedeutung. Nun hat die Diskussion darüber in den letzten 20 Jahren einen Umfang angenommen, daß niemand, nicht einmal der Fachmann, von sich behaupten kann, daß er sie ganz übersieht. Es hätte darum wenig Sinn, wenn ich versuchen wollte, Sie dort einzuführen, zumal die vertretenen Auffassungen oft von verwirrender Unübersichtlichkeit sind. Ich wähle daher einen anderen Weg, der sich, wie ich hoffe, als hilfreich erweist. Weder orientiere ich mich an der gegenwärtigen Diskussion noch unmittelbar an dem zitierten Satz Bultmanns, sondern ich rufe uns erst einmal in einer knappen Skizze in Erinnerung, wie Bultmann zu dieser Behauptung gekommen ist.

I.

Lassen Sie mich da mit einigen Überlegungen zum Begriff Kerygma einsetzen. In seinem heute üblichen Verständnis kam dieser Begriff im

Zusammenhang mit der formgeschichtlichen Forschung auf. Mit ihr ging die alte Leben-Jesu-Forschung zu Ende. War man nach der Herausarbeitung der Zwei-Quellen-Theorie etwa im letzten Drittel des vorigen Jahrhunderts noch gelegentlich der optimistischen Meinung gewesen, im Markusevangelium in großen Zügen (»vielleicht unter Abstrich im einzelnen«, H. J. Holtzmann) den Ablauf des Lebens Jesu erkennen zu können, so wurde diese Zuversicht durch die Arbeiten von Martin Kähler, William Wrede und Albert Schweitzer erschüttert. Sie bestätigten auf ihre Weise Adolf Harnacks Habilitationsthese von 1874: Vita Jesu scribi nequit (Ein *Leben* Jesu kann nicht geschrieben werden). Zugleich hatte die Literarkritik gezeigt, daß die synoptischen Evangelien Sammelgut enthalten, daß also die Jesus-Tradition als Tradition von Einzelgeschichten begonnen hat. Um deren Rekonstruktion bemühte man sich. Dabei meinte man freilich immer noch, man könne (wenn auch jetzt nicht mehr die Gesamtwerke, dann doch) die Einzeltraditionen als historische Quellen benutzen.

Genau das jedoch stellte die Formgeschichte in Frage. Sie zeigte, daß das *unmittelbare* Interesse der überliefernden Gemeinde gerade kein historisches war. Diese wollte vielmehr, wie Günther Bornkamm es später treffend formuliert hat, nicht sagen, wer Jesus war, sondern wer Jesus *ist*. Die Gemeinde tat das freilich unter Rückgriff auf die Vergangenheit. Das geschah indes nicht um dieser Vergangenheit selbst willen, sondern man erzählte vergangene Geschichte, um der jeweiligen Gegenwart etwas zu sagen. An dem, was wir heute wohl »historische Treue« nennen, war man nicht interessiert. Dieses uns ziemlich vertraute Problem lag einfach nicht im Blickfeld der Erzähler. Man wollte nicht berichten, sondern verkündigen. Die Einzeltraditionen haben demgemäß keinen historischen, sondern sie haben kerygmatischen Charakter. Im Gefolge dieser Einsicht begann man dann etwa vom Anfang der zwanziger Jahre an, vom Kerygma zu reden. Das bedeutete aber im Rahmen der neutestamentlichen Wissenschaft (soweit sie sich auf die Formgeschichte einließ) das Ende der liberalen Theologie. Lag dieser daran, die Verkündigung historisch zu sichern, indem sie die Autorität des historischen Jesus für gegenwärtige Verkündigung in Anspruch nahm, so erwies sich vom Kerygma her diese Konzeption gerade als unsachgemäß. Das Kerygma ist Anrede, verlangt als solche unmittelbar Glauben. Das alles scheint in sich schlüssig, ist es m. E. auch. Und ich bin der Ansicht, daß man hinter diese *grundsätzliche* Einsicht nicht wieder zurückgehen sollte. Dennoch muß man wohl darauf aufmerksam machen, daß an einigen Punkten gewisse Ungenauigkeiten unterliefen, die man nicht gleich sah, vielleicht (unmittelbar an der Arbeit) auch gar nicht sehen konnte.

Man hatte die Einsicht, daß das Überlieferungsgut Kerygma sei, am Einzelmaterial gewonnen. Man übertrug sie jedoch alsbald auf die Evangelien. Jetzt wurde die Wendung zum Schlagwort: Die *Evangelien* sind Verkündigung, nicht aber historischer Bericht. Daß man damit im großen und ganzen (wenn freilich auch mit Modifizierungen) recht hatte, sollte allerdings erst später die redaktionsgeschichtliche Arbeit zeigen, denn inwiefern die Evangelien als Gesamtwerke als Kerygma zu bezeichnen waren, blieb bis in die fünfziger Jahre hinein durchaus unklar. Daß das Schlagwort entstand, ist gleichwohl verständlich. Es war geeignet, der alten liberalen Fragestellung entgegenzutreten, die am historischen Jesus (und oft immer noch am Leben Jesu) interessiert blieb. Zugleich befand man sich hier in Einklang mit der dialektischen Theologie, die auf ihre Weise die liberale Theologie überwinden wollte. Ihr Verständnis vom Wort Gottes, das den Menschen trifft, dem er sich (ohne Rückfrage) zu stellen hat, fügte sich genau ein in das Verständnis vom Kerygma. Nur weil man dieses jedoch, wie gesagt, zu schnell auf die Gesamtwerke übertrug, entstand aus dieser Ungenauigkeit alsbald ein folgenreicher Kurzschluß. Man ging nun von der unbestreitbaren Tatsache aus, daß die Evangelien nach Ostern verfaßt sind, daß die Evangelisten also Ostern voraussetzen. So kam es, daß Kerygma eo ipso als Osterkerygma verstanden wurde. Dann galt aber auch als ausgemacht: Was nach Ostern entstanden ist, ist auch durch Ostern beeinflußt und also inhaltlich von Ostern bestimmt. Dieser (im Grunde bestenfalls an den Evangelien als Gesamtwerken zu gewinnende) Satz wurde auch für das Einzelmaterial vorausgesetzt. Man konnte da immerhin von der (zumindest großen) Wahrscheinlichkeit ausgehen, daß die schriftliche Fixierung dieser Tradition auch erst nach Ostern erfolgte; und unschwer läßt sich ja auch an einigen Einzelüberlieferungen (man denke etwa an die Verklärungsgeschichte) ein sachlicher Einfluß von Ostern her erkennen. Das bleibt doch aber eine Ausnahme und berechtigt keineswegs zu der Annahme, daß das für alle Traditionsstücke gilt. Hier hätte man sehr viel sorgfältiger prüfen müssen, als das meist geschehen ist.

In diesem Zusammenhang kann es sich als hilfreich erweisen, bei der Verwendung des Begriffs »nachösterlich« eine Unterscheidung durchzuführen. »Nachösterlich« kann einerseits die bloße Angabe eines Datums sein, andererseits eine Sachaussage. Wie weit diese Unterscheidung trägt, wird zu fragen sein. Daß sie grundsätzlich möglich ist, kann man aber nicht bestreiten. Denn wenn eine Tradition als nachösterlich bezeichnet wird, weil sie nach (sagen wir:) 33 niedergeschrieben oder überhaupt erst entstanden ist, muß das doch noch nicht sofort heißen, daß sie daher auch inhaltlich von Ostern bestimmt ist (wobei ich in diesem Zusammenhang auf das Osterproblem als solches nicht eingehen will). Wenn man also so unterscheidet, bleibt zumindest denkbar, daß *zeitlich* nachösterliche Traditionen ohne Einfluß durch die »Sache« Ostern formuliert wurden.

Das mag zunächst befremdlich klingen, ist es aber doch nur dann, wenn man voraussetzt, daß die Urgemeinde zumindest insofern eine einheitliche Größe war, als sie aus *einer* Wurzel stammt. Die Apostelgeschichte zeichnet zwar dieses Bild. Daß es historischer Kritik nicht standhält, ist heute weitgehende Überzeugung. Hält es aber »theologischer Kritik« stand? Das wird nahezu nie geprüft. So ist z.B. gerade in Bultmanns Theologie des Neuen Testaments immer von *der* Urgemeinde am Anfang die Rede. Als eine Größe, die zeitlich nach Ostern anzusetzen ist, gilt es als ausgemacht, daß sie auch sachlich von Ostern bestimmt ist. Geben uns die Texte das Recht zu dieser Gleichsetzung?

Im Zusammenhang damit ist auf ein Weiteres hinzuweisen. Am Anfang, d.h. in den zwanziger Jahren, spielte der Begriff Kerygma nahezu ausschließlich in der neutestamentlichen Forschung (und in der von ihr beeinflußten systematischen Theologie) eine Rolle. Nach dem Gesagten ist schnell verständlich, daß Kerygma dann immer gleichbedeutend war mit Osterkerygma. Inzwischen ist jedoch auch von der alttestamentlichen Forschung (mit Recht!) der Begriff Kerygma aufgenommen worden. Damit kann dann aber eine Einsicht zumindest bewußter gemacht werden, die man zwar am Beginn der Formgeschichte schon gewonnen hatte, aber nicht immer präzise genug bedachte: Kerygma ist die Bezeichnung für eine literarische Form (bzw. Gattung) und hat als solche zunächst einmal mit Ostern gar nichts zu tun. Eingeführt und benutzt wurde dieser Begriff doch als Abgrenzung gegenüber der »Gattung« historischer Bericht. Kerygma wäre also zu definieren als eine literarische Form, die anreden will, die auf gegenwärtige Betroffenheit der Hörer aus ist.

Bezeichnet man nun in diesem Sinne das vorsynoptische Einzelmaterial als Kerygma, muß das zunächst als reiner Gattungsbegriff verstanden werden. Ob damit sachliche Beziehungen zu Ostern vorliegen, wird man auch dann prüfen müssen, wenn die Entstehung dieses Materials (z. T.) auf nach Ostern zu datieren ist. So wird doch z. B. für die Logienquelle heute durchweg zugestanden, daß sie weder das Kreuzes- noch das Auferstehungs-Kerygma enthielt. Gleichwohl wird man *literarisch* ihre Traditionen als Kerygma bezeichnen müssen. Und was für die Logienquelle gilt, gilt ebenso für eine Fülle weiterer Einzeltraditionen, die später in die synoptischen Evangelien gelangt sind. Wer die Ergebnisse der Formgeschichte ernst nimmt, kann dieses *literarische* Urteil nicht bestreiten. Er wird sich zugleich aber hüten müssen, daraus sofort ein sachliches Urteil zu machen und Kerygma als Osterkerygma verstehen. Der Einfluß von Ostern ist in jedem Fall an den Einzeltexten nachzuweisen. Eine Begründung mit dem bloßen Verweis auf das Datum der Entstehung reicht auf keinen Fall aus.

Ich möchte daher einen früheren Vorschlag wiederholen, weil ich meine, daß dadurch Mißverständnisse vermieden werden können. Wenn man Kerygma streng nur als Bezeichnung einer literarischen Gattung benutzt, sollte man die jeweiligen Inhalte zusätzlich angeben. Dann wäre im Neuen Testament zu unterscheiden zwischen dem von Ostern bestimmten Christus-Kerygma und einem Jesus-Kerygma, bei dem ein sachlicher Einfluß von Ostern zumindest nicht erkennbar ist.

II.

Nach dieser knappen Skizze mit einigen kritischen Anfragen gehen wir noch einmal an den Satz Bultmanns heran: »Christlichen Glauben ... gibt es erst, seit es ein christliches Kerygma gibt, d. h. ein Kerygma, das Jesus Christus als Gottes eschatologische Heilstat verkündigt, und zwar Jesus Christus den Gekreuzigten und Auferstandenen.« Deutlich wird jetzt sofort, worauf es zu achten gilt: Hier wird zugleich mit dem Inhalt des Kerygmas (der Gekreuzigte und Auferstandene) der terminus a quo für dieses Kerygma und damit zugleich der terminus a quo für christlichen Glauben genannt. In den Blick kommt dabei indes lediglich das Christus-Kerygma. Bultmann stellt dieses (und zwar gleich im Anschluß an den genannten Satz) der Verkündigung des irdischen Jesus gegenüber, woraus dann eben folgt, daß »erst im Kerygma der Urgemeinde, nicht schon in der Verkündigung des geschichtlichen Jesus« von christlichem Glauben gesprochen werden kann. Ist das aber jetzt noch wirklich einzusehen?

Wenn wir Kerygma verstehen wollen als eine Anrede, die auf unmittelbare Betroffenheit aus ist, dann müssen wir das zunächst als eine formale Feststellung stehenlassen, dürfen jedoch nicht zu schnell bestimmte Inhalte ins Spiel bringen. Dann aber wird man doch wahrscheinlich weder bestreiten können noch wollen, daß Jesu Verkündigung Kerygma war. Bultmann selbst charakterisiert sie ja mehrfach als »Entscheidungsruf«. Wir können es dabei völlig offenlassen, ob dieser Ruf als ipsissima vox rekonstruierbar ist. Der Historiker kann sich darum bemühen, den historischen Jesus zu erreichen. Er wird es immer wieder tun. Für ihn bleibt es eine sinnvolle Aufgabe, wobei er zugleich zugestehen wird, daß verschiedene Forscher zu unterschiedlichen Ergebnissen kommen. Die Unsicherheit der Ergebnisse ist unvermeidbar.

Wir lassen indes diese Seite des Problems des historischen Jesus auf sich beruhen und orientieren uns konsequent an der Formgeschichte, denn unbestritten (und unbestreitbar!) bleibt: In den Einzeltraditionen redet nicht Jesus, sondern hier reden immer Menschen der Urgemeinde. Das gilt auch dann, wenn sie wortwörtlich wiederholen, was sie von Jesus gehört haben. Wenn es aber stimmt, daß sie die Verkündigung Jesu nicht aus historischem Interesse aufbewahrt haben, sondern die Absicht hatten, damit ihrer eigenen Gegenwart etwas zu sagen, dann sind diese Traditionen auf jeden Fall als Kerygma zu bezeichnen.

Dann kommt aber noch ein Aspekt in den Blick, der bei Bultmann nahezu ganz ausgeklammert ist: Jesu Verhalten und Jesu Tun. Wir fragen auch hier nicht nach der Historizität. Ich will sie weder behaupten noch bestreiten. Für unseren Zusammenhang genügt die Feststellung: Auch mit der Erzählung des (möglicherweise historisch korrekt berichteten) Verhaltens und Tuns Jesu sollen Hörer nicht einfach informiert, sondern angeredet werden, um sich auf Jesus einzulassen und um den zu erkennen, auf den sie sich einlassen sollen. Inhalt dieses Kerygmas ist dann – im weitesten Sinne – Jesus, nicht aber nur seine Verkündigung. Eben darum nenne ich es Jesus-Kerygma. Die Frage ist dann, ob man dieses Kerygma ein christliches nennen darf oder ob es das noch nicht ist, bzw. welche Bedingungen erfüllt sein müssen, damit man ein Kerygma als christliches Kerygma bezeichnen kann.

Es könnte der Eindruck entstehen, als handle es sich hier lediglich um eine Frage der Definition. Warum man einem Jesus-Kerygma absprechen sollte, christliches Kerygma zu sein, ist doch zunächst gar nicht einzusehen. Es wird niemand behaupten wollen (und auch Bultmann nicht), eine Predigt über ein literarkritisch aus den synoptischen Evangelien herausgearbeitetes und formgeschichtlich exegesiertes Traditionsstück sei (noch) keine christliche Predigt. Dann aber müßte man ein Jesus-Kerygma doch auch als christliches Kerygma bezeichnen, selbst dann, wenn in ihm Ostern zumindest nicht explizit wird. Man müßte, folgt man Bultmanns Ansatz und fügt man die eben durchgeführten Überlegungen mit ein, nun etwa formulieren: Christlichen Glauben gibt es, seit es ein christliches Kerygma gibt, und d. h. ein Jesus-Kerygma, in dem Jesus Inhalt der Verkündigung ist. Das war in der Verkündigung Jesu selbst noch nicht der Fall. Dann aber entsteht doch die Frage, welche Bedeutung Ostern für die Entstehung des christlichen Kerygmas hat.

Bemerkenswert scheint mir nun, daß Bultmann die Auferstehung Jesu niemals als ein Ereignis verstanden hat, das inhaltlich etwas zur Verkündigung Jesu hinzugebracht hätte, was vorher noch nicht da war. Der Umschlag von vor zu nach Ostern besteht nach Bultmann nicht darin, daß ein vorher noch bestehendes Minus nun weggenommen ist, sondern er besteht darin, daß etwas (Bultmann verweist auf die Christologie), was vorher durchaus schon implizit vorhanden war, nun explizit wird. Daß das *auch* durch die »Ostererfahrungen« geschehen ist, ist wohl unbestreitbar. Bedurfte es dazu aber *in jedem Fall* dieser »Ostererfahrungen«, so daß durch den Osterglauben der Jünger erst das christliche Kerygma entstand? Ist das schon grundsätzlich nicht einzusehen, könnte man immerhin noch argumentieren, daß es nun einmal faktisch so gewesen sei. Das ist zwar eine immer wiederkehrende Behauptung. Besteht sie aber zu recht? Sie muß sich dann doch am Jesus-Kerygma *inhaltlich* verifizieren lassen. Genau das gelingt jedoch in den allermeisten Fällen nicht.

Freilich kommt nun noch einmal die Frage des Datums ins Spiel. Wir hatten ja ausdrücklich darauf verzichtet, nach dem historischen Jesus zu fragen und wollten nur bis zu dem Punkt zurückgehen, an dem Menschen in der Urgemeinde Jesus (und zwar sein Reden, Verhalten und Tun) zum Inhalt ihrer Verkündigung machten. Insofern bleibt ein »Bruch« bestehen zwischen dem historischen Jesus und (nun:) dem Jesus-Kerygma der Urgemeinde. Kann man den Beginn der Urgemeinde aber auf Ostern datieren?

Von dieser Voraussetzung geht nahezu die gesamte Forschung aus, keineswegs nur Bultmann. Man rechnet mit *einer* Urgemeinde, die ihre Entstehung den Ostererfahrungen verdankt. Man steht dann allerdings vor der Schwierigkeit, die inhaltliche Bestimmtheit der urchristlichen Kerygmata durch Ostern auch dort anzunehmen, wo sie in den Traditionen selbst zumindest nicht erkennbar ist. Trotz dieses unbestreitbaren Befundes wird behauptet, daß »alle Dokumente des Neuen Testaments von einem österlichen Vorverständnis ausgehen«. Das könnte man noch akzeptieren, soweit das die vorliegenden Schriften betrifft; aber die Behauptung geht mit der Feststellung weiter: »Das gilt grundsätzlich für alle Schichten der neutestamentlichen Tradition« (J. Ernst, Anfänge der Christologie, Stuttgarter Bibelstudien 57, 1972,76 f.). Natürlich kann man darauf verweisen, daß Ostern nicht in jedem einzelnen Fall explizit werden *müsse*. Das ist sofort zuzugeben. Wenn aber Ostern in so vielen Traditionen nicht explizit wird und dennoch bei ihnen ein »österliches Vorverständnis« behauptet wird, dann trifft das eben nur unter der Voraussetzung zu: *Die* Urgemeinde verdankt ihr Entstehen den Ostererfahrungen; und insofern handelt es sich um *eine* Urgemeinde. Christlicher Glaube ist dann immer »Osterglaube«.

Die eben genannte Behauptung begegnet häufig allerdings auch in einer Formulierung, die sehr viel vorsichtiger ist; etwa: »Die Aussagen über die vorösterliche Geschichte Jesu sind im Neuen Testament eingebettet in das Glaubenszeugnis der Gemeinde« (F. Hahn, Die Frage nach dem historischen Jesus, Trierer Theologische Zeitschrift 82, 1973, 196). Hier ist gerade nicht vom Osterglauben die Rede. Und doch wird dieser Satz immer wieder so verstanden. Denn W. G. Kümmel kann, nachdem er ihn zitiert hat, fortfahren, daß darin »der übereinstimmenden Meinung der überwiegenden Mehrheit aller wissenschaftlich arbeitenden Theologen Ausdruck« gegeben wird, daß nämlich »sowohl die mündliche Jesusüberlieferung wie deren Zusammenfügung in den Evangelien von Menschen weitergegeben oder geformt worden sind, die an die Auferweckung des gekreuzigten Jesus glaubten und als Glaubende von Jesus erzählten« (Jesu Antwort an Johannes den Täufer. Sitzungsberichte der wissenschaftlichen Gesellschaft an der Johann-Wolfgang-Goethe-Universität Frankfurt/Main XI, 4, Wiesbaden 1974, 138).

Doch genau hier zeigt sich das Problem. Der Glaube an die Auferweckung des gekreuzigten Jesus wird sofort gleichgesetzt mit dem Glauben an Jesus. Vom Christus-Kerygma kann man wohl sagen, daß es den Osterglauben voraussetzt. Vom Jesus-Kerygma kann man bestimmt sagen, daß es Glauben durch Jesus voraussetzt. Ist das aber schon von vornherein dasselbe? Daß *alle* Traditionen vom Glauben aus gestaltet sind, soll nicht bestritten werden. Daß aber *jeder* Glaube immer sofort Osterglaube ist, scheint mir ein Kurzschluß. Zumindest ist das eine Behauptung, die unter der Voraussetzung *einer* Urgemeinde zwar verständlich, die aber noch keineswegs nachgewiesen ist. Und ich meine, daß die Beweislast bei denen liegt, die diese Behauptung aufstellen.

Muß man dann mit »zwei Glaubensweisen« in der Urgemeinde und *insofern* mit zwei Urgemeinden rechnen? Will man diesen (heute noch) unkonventionellen Weg gehen, muß man sich der Problematik bewußt sein. Man läßt sich sozusagen auf ein argumentum e silentio ein: Weil in der Mehrzahl der Traditionen des Jesus-Kerygmas kein Ostereinfluß erkennbar ist, rechnet man damit, daß er auch nicht vorhanden war. Natürlich kann man die Möglichkeit eines impliziten Einflusses nicht ausschließen. Ja, ein solcher Einfluß scheint doch zunächst einmal eine fast selbstverständliche Annahme, denn wo soll man sich die Urgemeinde vorstellen, die von den Ostererfahrungen, die vielleicht andere gemacht haben, nichts gewußt hat? Nach dem Bild, das wir uns gewöhnlich von der Urgemeinde machen, klingt das ziemlich unwahrscheinlich. Man muß schon erhebliche Argumente ins Feld führen, wenn man mit Hilfe des argumentum e silentio auf die Existenz zweier Urgemeinden schließt: eine, die ihr Entstehen den Ostererfahrungen verdankt, eine andere, die von diesen wenigstens anfänglich nicht beeinflußt war.

III.

Wenn ich nun zu zeigen versuchen will, warum ich mit zwei Urgemeinden rechne und wie sie zu charakterisieren sind, dann möchte ich ein Mißverständnis, das sich möglicherweise einschleichen könnte, von vornherein ausschließen: Ich denke nicht an zwei Urgemeinden, die in Spannung miteinander lebten. Dieser Gedanke legt sich ja leicht nahe, wenn man auf die Auseinandersetzungen blickt, die es tatsächlich im Urchristentum gegeben hat, etwa zwischen Judenchristentum und Heidenchristentum oder zwischen Orthodoxie und Häresie. Die beiden Urgemeinden, von denen hier die Rede sein soll, verkörpern vielmehr »zwei Glaubensweisen«, aber auch wieder nicht so, wie Martin Buber den Unterschied zwischen christlichem und jüdischem Glauben als Gegensatz herausgestellt hat. Ich meine vielmehr, daß diese beiden christlichen Glaubensweisen (deren eine freilich eine große Nähe zur jüdischen hat), sich keineswegs gegenseitig ausschließen. Wohl aber akzentuieren und formulieren sie ihren Glauben jeweils unterschiedlich.

In den neutestamentlichen Schriften lassen sich unschwer zwei getrennte Traditionszweige erkennen. Für den einen ist kennzeichnend, daß es in ihm expressis verbis Glauben *an* Jesus (Christus) gibt. Das ist der Fall in der gesamten Briefliteratur, in der Offenbarung und im Johannesevangelium. Davon zu unterscheiden ist der andere Traditionszweig, dem die synoptischen Evangelien und das vor ihnen liegende Traditionsgut angehören. Von Glauben an Jesus (Christus) ist hier niemals die Rede. (Die beiden einzigen Ausnahmen sind Mt 18,6; 27,42. Der Vergleich mit den Vorlagen Mk 9,42; 15,32 zeigt jedoch, daß es sich um eine sehr späte und vereinzelte Angleichung an den Sprachgebrauch des anderen Traditionszweiges handelt.) Auffällig ist hier die außerordentliche Konsequenz, mit der in beiden Traditionszweigen der jeweilige Sprachgebrauch durchgehalten wird. Das kann man doch auf keinen Fall als Zufall erklären.

Nun hat man im Gefolge Bultmanns und im Rahmen der sogenannten Kerygma-Theologie immer wieder betont: »Durch die Osterereignisse und die Gewißheit der Auferstehung Jesu Christi von den Toten wurde der Verkündiger ... zum Verkündigten, der zum Glauben Rufende zum Inhalt des Glaubens« (G. Bornkamm, Jesus von Nazareth, 1956, 172). Sollte das so stimmen, dann ist eine Beobachtung höchst seltsam: In den seit ca. 70 geschriebenen synoptischen Evangelien ist Jesus immer noch nicht der, *an* den geglaubt wird. Wenn also durch die Osterereignisse in der Urgemeinde der zum Glauben Rufende der Geglaubte wurde und man dann wirklich von *einer* Urgemeinde ausgehen kann, dann ist es doch kaum zu erklären, wieso die Synoptiker davon unbeeinflußt geblieben sind. Sie fallen damit doch auf eine »vorösterliche« Stufe zurück. Sehr wohl kann man dagegen verstehen, daß jetzt ein Evangelium wie das des Johannes entstand. Hier wird das Kerygma, das den Glauben an Jesus Christus kennt, vorausgesetzt; damit zugleich werden Traditionen aus dem Leben Jesu aufgenommen. Diese werden jedoch so gestaltet, daß Jesus nun zum Glauben an sich aufruft. Das so späte Entstehen der synoptischen Evangelien bleibt aber rätselhaft – wenn man das Oster-Kerygma voraussetzt. Man hat versucht, dieses Rätsel zu erklären. Bis heute ist das nirgendwo überzeugend gelungen, geschweige denn, daß von irgendeinem Konsensus die Rede sein kann. Das Bemühen geht indes weiter. Ich fürchte, ihm wird kein Erfolg beschieden sein.

Tatsächlich geht es ja auch nicht nur um die Frage, wieso jetzt (also um nach 70) noch die synoptischen Evangelien entstehen konnten. Indem man das Problem auf diese Werke fixiert, übersieht man gar zu leicht, daß sie aus einer völlig eigenständigen Tradition herausgewachsen sind, in der es vor Markus zwar noch kein Evangelium gab, wohl aber mancherlei Fortbildungen innerhalb der Traditionen und auch einige anfängliche Sammlungen. Die Frage darf sich darum nicht auf die Evangelien richten, sondern sie muß lauten: Wieso konnte sich so lange ein Traditionszweig erhalten, in dem Jesus lange nach dem Datum Ostern immer noch nicht als der dargestellt wurde, *an* den es zu glauben gilt? Auf der anderen Seite ist dann aber doch eben auch auffällig, daß der Traditionszweig, der expressis verbis am Glauben an (Jesus) Christus orientiert ist, die Jesus-Traditionen so gut wie vollständig ignoriert. Ich kann mir das nicht anders erklären als so, daß wir in der Tat mit zwei relativ getrennten, in sich selbständigen und voneinander unabhängigen Urgemeinden rechnen müssen. Es lohnt nicht, dagegen zu argumentieren, daß das nur schwer denkbar sei, weil doch Verbindungen zwischen diesen beiden Gemeinden bestanden haben und sie also auch voneinander gewußt haben müssen. Das kann durchaus möglich sein. Unbestreitbar ist jedoch, daß auch eine vielleicht bestehende Verbindung zwischen den Gemeinden diese nicht dazu gebracht hat, in der Aussage ihres Glaubens die Formulierung der je anderen Gruppe zu übernehmen. Es finden sich eben keine Mischformen. Zufall kann das doch aber kaum sein. Eine Erklärung muß man dafür schon finden. Die nächstliegende (und von den grundsätzlichen Einsichten der Formgeschichte nun geradezu geforderte) Erklärung bleibt die, zwei Urgemeinden anzunehmen.

IV.

Unser Interesse muß nun zunächst der Gemeinde gelten, in der das Jesus-Kerygma formuliert und tradiert wurde. Ich kann dabei an Erwägungen anknüpfen, die jüngst W. Schmithals angestellt hat und die (zumindest im Ansatz) eine große Ähnlichkeit mit dem gerade Erörterten aufweisen. Schmithals rechnet mit der Existenz von »Jesus-Gemeinden, ... die vom Ostergeschehen und der daraus resultierenden Bekenntnisentwicklung keine Notiz genommen« haben. Er vermutet sie in Galiläa, wofür in der Tat vieles spricht, denn offensichtlich handelt es sich um Gemeinden, die ihre Existenz der Wirksamkeit des irdischen Jesus verdanken. Weil in diesen Gemeinden jedoch das Osterkerygma keine Rolle spielte, spricht Schmithals hier von einer »Jesus-Sekte« (Jesus Christus in der Verkündigung der Kirche, 1972, 72). Deutlich ist, daß Schmithals an die Konzeption Bultmanns anknüpft, diese nun aber modifiziert bzw. präzisiert. Ruft nach Bultmann die Verkündigung des irdischen Jesus noch nicht in den christlichen Glauben, so geschieht das nach Schmithals auch nach (dem Datum) Ostern dort noch nicht, wo zwar Jesus-Traditionen bewahrt werden, die Ostererfahrungen aber nicht inhaltlich in diese Traditionen integriert worden sind. Eben deswegen muß hier von einer Sekte gesprochen werden.

Wenn das richtig sein sollte, müßte man nun allerdings auch konsequent weiterdenken. Was ich in einem früheren Zusammenhang als selbstverständlich unterstellte, muß nun nämlich bezweifelt werden. Wenn man aus den synoptischen Evangelien mit Hilfe der Literarkritik ein Traditionsstück rekonstruiert, das aus diesen Jesus-Gemeinden stammt, dann müßte die formgeschichtliche Exegese zeigen, daß hier die Jesus-Sekte spricht, aber noch keine christliche Gemeinde. Dann könnte sich aber auch heute keine christliche Gemeinde darauf berufen; und ein solches Traditionsstück wäre als christlicher Predigttext ungeeignet. Denn es kann doch wohl nicht genügen, daß man in solchem Traditionsstück den Namen Jesus lediglich durch die Bezeichnung »der Auferstandene« ersetzt. Allein dadurch würde der *Inhalt* des Traditionsstückes doch noch nicht christlich, denn die Aussage wird ja nicht dadurch eine andere, daß ein anderer sie macht.

Nun will ich selbstverständlich nicht in den Fehler verfallen, eine Ansicht dadurch zu »widerlegen«, daß ich unliebsame Konsequenzen als Argument gegen sie verwende. Das ist zwar eine häufig geübte Methode, die man besonders gern dann anwendet, wenn die kirchliche Praxis durch Ergebnisse der theologischen Wissenschaft irritiert wird. Darin kommt dann ja aber zum Ausdruck, daß sich die Praxis nicht theologisch kontrollieren lassen will. Aber was immer geschah, muß ja nicht allein deswegen schon richtig sein. Immerhin kann ein Hinweis auf solche Konsequenz zum Aufmerken zwingen und dann veranlassen, das Zustandekommen dieser Ansicht noch einmal zu überprüfen.

Auffällig ist nämlich, daß Schmithals es peinlich vermeidet, die Jesus-Traditionen als Kerygma zu bezeichnen. Diese Vorsicht ist verständlich, wenn man von der Voraussetzung ausgeht, daß es Kerygma erst seit und durch Ostern gibt, das neutestamentliche Kerygma also stets Christus-Kerygma ist. Nicht verständlich ist die Vermeidung des Begriffes Kerygma für die Jesus-Traditionen jedoch, wenn man an die Einsichten der formgeschichtlichen Forschung denkt. Sie bemühte sich doch gerade um diese vorsynoptischen Traditionen; und sie hat uns gelehrt, eben diese als Kerygma, nicht jedoch als historisches Referat zu verstehen. Es bleibt richtig, daß dieses Kerygma nicht zum Glauben *an* Jesus Christus ruft. Hier liegt, zumindest anfänglich, kein Bekenntnis zu Jesus vor. Es bleibt doch aber ebenso richtig, daß dieses Kerygma von Glaubenden formuliert worden ist. Wenn man dann meint, die Träger dieser Tradition mit dem Begriff Sekte abqualifizieren zu müssen, dann sollte man ihnen damit aber nicht zugleich den Glauben überhaupt absprechen, in dem sie und aus dem sie diese Tradition als Kerygma formulierten und weitergaben. Nur, um was für einen Glauben geht es denn da?

Ganz sicher war das expressis verbis kein Glaube an Jesus Christus. Aber es handelt sich doch auf jeden Fall um einen durch Jesus ausgelösten Glauben. Haben diese beiden Glauben etwas miteinander zu tun? Daß sie sich total unterscheiden, wird wohl kaum jemand behaupten wollen. Wie sie miteinander zusammenhängen, kann man vielleicht besser zeigen, wenn man den Begriff Glauben durch einen anderen ersetzt, der beide Formulierungen des Glaubens in sich vereinigt. In beiden Fällen geht es um eine Betroffenheit. Das Christus-Kerygma will doch nicht lediglich informieren über Auferstehung Jesu und den Auferstandenen, woraus dann (in einem zweiten Schritt) Betroffenheit folgen kann; sondern nur in der Betroffenheit selbst hat es einen Sinn, vom Auferstandenen zu reden. Nicht um isolierte Vorstellungen geht es, sondern um gegenwärtige Einstellung auf Grund von Vorstellungen. Die im Christus-Kerygma im Laufe der Zeit entfaltete Christologie ist mißverstanden, wenn man sie gleichsam als Gedankenspielerei am Schreibtisch betrachtet, als Spekulation über Herkunft und Seinsweise des auferstandenen bzw. erhöhten Christus. Daß auch das später geschehen ist, soll nicht bestritten werden. Zunächst aber ging es doch darum, daß das umfassendere Verständnis der eigenen Betroffenheit seinen Ausdruck fand in der Weiterbildung der Christologie.

Im Jesus-Kerygma fehlt nun jedoch am Anfang die Christologie ganz. Dennoch ist es formuliert worden von Menschen, die sich von Jesus in eine Betroffenheit rufen ließen. Manchmal (nicht immer) haben sie diese Betroffenheit als eine Betroffenheit durch Gott ausgesagt. Nun besteht heute ja Einmütigkeit darüber, daß der schriftlichen Tradition eine mündliche voranging. Und es läßt sich wohl auch Einverständnis darüber erzielen, daß diese mündliche Tradition zu Lebzeiten des irdischen Jesus mindestens begonnen hat, denn es gibt schlechterdings kein Argument dafür, daß das erst nach Jesu Tod geschah, geschweige denn erst seit dann möglich war. Das Jesus-Kerygma setzt also nicht den Tod Jesu voraus. Wohl aber könnte man sagen, daß es seine Abwesenheit voraussetzt. Denn in ihm geben von Jesus betroffene Menschen das wieder, was sie an und durch Jesus erfahren haben, um damit andere in dieselbe Betroffenheit zu rufen. Den Auslöser dieser Betroffenheit haben sie in ihrem Kerygma anfänglich überhaupt nicht reflektiert. Damit standen sie im Gefolge der Verkündigung Jesu. Er hatte sich ja auch nicht selbst zum Gegenstand seiner Verkündigung gemacht, hatte nicht zuerst zum Glauben an seine Person aufgerufen, um damit die Voraussetzung dafür zu schaffen, daß man sich auf das, was er Menschen zumutete, einließ. Seine Vollmacht wurde in seinem Reden, seinem Verhalten, seinem Tun konkret. Dadurch ließen sich Menschen von ihm betreffen; und in dieser Betroffenheit glaubten sie *ihm*, ohne daß sie das als Glauben *an* ihn formulierten. Sollte man das aber nicht christlichen Glauben nennen dürfen?

V.

Nach den bisherigen Überlegungen müßte man nun (im Anschluß an den eingangs zitierten Satz Bultmanns) formulieren können: Christlichen Glauben gibt es, seit es ein christliches Kerygma gibt. Und da das Jesus-Kerygma in seinem Ursprung sicher älter ist als das Christus-Kerygma, begann christlicher Glaube mit dem Jesus-Kerygma. Ostern als terminus a quo für christlichen Glauben anzugeben, muß so lange als Willkür erscheinen, wie nicht gezeigt werden kann, daß die »Ostererfahrungen« eine Betroffenheit ermöglichten, die sich qualitativ von der Betroffenheit unterscheidet, in die der irdische Jesus stellte. Das zu zeigen, ist nach meiner Überzeugung bisher aber noch nicht gelungen.

Es führt doch eben in die Irre, wenn man das Problem an der Christologie aufhängt und erst dann von christlichem Glauben reden will, wenn das explizit christologische Bekenntnis vorliegt. Damit kommt doch nur eine Seite des komplexen Phänomens Glauben in den Blick. Der Auslöser der Betroffenheit wird überbetont und droht so, in die Isolierung zu geraten. Dann bleibt nicht mehr hinreichend deutlich, daß er Auslöser von *Betroffenheit* ist.

Will man also den Glauben, in den das Christus-Kerygma ruft, mit dem Glauben vergleichen, in den das Jesus-Kerygma ruft, dann setzt man falsch an, wenn man die Kerygmata miteinander vergleicht. Vergleichen muß man vielmehr die beiden Betroffenheiten miteinander. Stimmen die überein, ist es doch gleichgültig, welche der beiden Kerygmata sie ausgelöst hat. Wenn man im Christus-Kerygma *bekennt*, daß man sich als vom Erhöhten betroffen weiß, und wenn es durch das Jesus-Kerygma zu derselben Betroffenheit kommt, weil man Jesus *vertraut*, indem man sich auf ihn einläßt, dann kann man *jetzt* sagen: Der Irdische und der Erhöhte sind identisch. Dieser (dogmatisch korrekte) Satz hat doch nur dann Sinn, wenn man ihn wirklich ernst nimmt, nicht aber erst dem Erhöhten etwas zutraut, was der Irdische *noch gar nicht* leisten konnte. Wenn man einer theologia gloriae entgehen will, die eine Theologie der Auferstehung gar zu leicht mit sich bringt, dann muß man geradezu allen Wert darauf legen, daß auch der Erhöhte immer noch der Irdische ist und daß die »Nachfolge« des Erhöhten immer noch eine Nachfolge auf dem Kreuzesweg ist. Die Auferstehung Jesu macht diesen Weg nicht herrlich, sondern *zeigt*, daß er der Herrlichkeitsweg ist. Jedenfalls haben die, die die Ostererfahrungen gemacht haben, das so gesehen. Am deutlichsten macht Paulus das, der »nicht so sehr den Gekreuzigten als Auferstandenen, sondern vielmehr den Auferstandenen als Gekreuzigten verkündigte« (E. Jüngel, Unterwegs zur Sache, 1972, 143).

Nun ist natürlich auch auf eine Gefahr hinzuweisen, die in dem Traditionszweig auftreten kann, der am Jesus-Kerygma orientiert ist. Bei einer Weitergabe der Betroffenheit ohne ausdrückliche Qualifizierung des Auslösers dieser Betroffenheit kann deren eschatologischer Charakter leicht übersehen werden. Dafür gibt es manche Beispiele. So können etwa die Himmelreichsgleichnisse, die ursprünglich unmittelbar anreden wollen, als Belehrungen über den Himmel (und über Gott) mißverstanden werden. Oder man versucht, kurzschlüssig ethische Anweisungen zu gewinnen. Das im Kerygma zugemutete oder auch dargestellte Verhalten ist ja eben dadurch, daß es irdisch konkret wird, ablesbar. Das kann zu der Meinung führen, es käme nun auf eine Imitation an, die zumindest Christen zu praktizieren hätten. Dann handelt es sich aber nicht mehr um ein eschatologisches Geschehen, sondern solche Imitation wird zu einer menschlichen Möglichkeit. Das kann dann noch einmal umschlagen: Nur wo diese Möglichkeit entschlossen ergriffen wird, geschieht Gottes Wille. Was eschatologische Existenz sein sollte, ist jetzt zum Gesetz geworden. Das Gesetz mag schwerer, die Ethik darum »besser« sein, als man bisher dachte und in der Umwelt vermutlich immer noch denkt. Aber mit Anstrengung ist das Gesetz zu erfüllen. Wird man sich (allerdings erst in späterer Reflexion) der Größe der Anstrengung bewußt, entwickelt sich daraus eine Zwei-Stufen-Ethik; und das Tun des ganzen Gesetzes wird nur noch einem kleinen Kreis zugemutet und von ihm gefordert.

Diese Entwicklung läßt sich in der Tradition des Jesus-Kerygmas durchaus zeigen. Es ist auch nicht zu verkennen, daß gerade heute eine solche Gefahr virulent vorhanden ist. Denn wenn man sich heute auf die »Sache Jesu« einlassen will, weil man meint, so der Christologie entgehen zu können, erliegt man leicht diesem Mißverständnis. Die »Sache Jesu« ist indes Betroffenheit durch das Jesus-Kerygma; und das Jesus-Kerygma seinerseits impliziert eine Christologie. Übersieht man die, verliert die Betroffenheit ihren eschatologischen Charakter. In der (richtig verstandenen) »Sache Jesu« braucht zwar die Christologie nicht explizit zu werden; wenn die Sache Jesu aber nicht mehr als eschatologisches Geschehen verstanden wird, ist sie nicht mehr die Sache *Jesu*.

Gerade weil man im Laufe der synoptischen Tradition die Gefahr eines solchen »Abgleitens« gespürt hat, hat man sich auch hier bemüht, die Christologie explizit zu machen. Man darf aber nicht sagen, daß durch diese (auf unterschiedliche Weise durchgeführte) Christologisierung Glaube entstand, den man nun erst christlichen Glauben nennen darf. Damit wollte man vielmehr versuchen, die durch Jesus ausgelöste Betroffenheit als eschatologische Betroffenheit durchzuhalten, als eine Betroffenheit, die zwar schon einmal in der Begegnung mit Jesus erfahren worden war, die aber gerade eine *erfahrene* Betroffenheit und also nicht »machbar« war, sondern die es stets neu zu erwarten galt. Das ist auch der Sinn der so viel diskutierten Naherwartung der Parusie im Urchristentum. Sie verhinderte das Mißverständnis, eschatologische Betroffenheit als Dauerzustand leben zu wollen und zu können. Daß dadurch schon in der nächsten Generation neue Probleme entstanden, ist bekannt. Man mißverstand die Naherwartung als Angabe eines Termins. – Im Rahmen unseres Themas muß ich jedoch darauf verzichten, diesen Problemen weiter nachzugehen.

VI.

Auf einen Punkt möchte ich abschließend indes noch eingehen. Der Satz, daß es christlichen Glauben gibt, seit es das Jesus-Kerygma gibt, bedarf noch ein wenig der Präzisierung. Genaugenommen sagt er ja nur, von wann an wir christlichen Glauben als einen solchen erkennen können. Das ist erst seit dem ältesten erhaltenen bzw. rekonstruierten Jesus-Kerygma möglich. Nun muß sich ja aber nicht jede Betroffenheit durch Jesus als Kerygma niederschlagen. Darum wäre der Anfang jetzt genauer so zu bestimmen: Christlichen Glauben gibt es, seit es Betroffenheit durch Jesus gibt.

Diese Überlegung mag so simpel erscheinen, daß sie kaum verdiente, erwähnt zu werden. Sie führt uns allerdings nun doch noch einen Schritt zurück, weil jetzt die Frage in den Blick kommt, in welchem Verhältnis denn Jesus selbst zum christlichen Glauben steht. Viel Anstoß erregt hat eine Formulierung J. Wellhausens, die Bultmann später aufgenommen hat: Jesus war Jude, aber kein Christ. Ich will jetzt nicht fragen, ob das überhaupt eine echte Alternative ist. Verständlich ist dieser Satz auf jeden Fall unter der Voraussetzung, daß man christlichen Glauben als

Glauben an Jesus Christus definiert. Dann könnte man Jesus freilich nur einen Christen nennen, wenn in seinem Glauben ein Bekenntnis zu sich selbst vorlag. Ein solcher Gedanke ist natürlich absurd.

Nun hatten wir jedoch schon gesehen, daß es problematisch ist, nur dort von christlichem Glauben zu sprechen, wo er sich als Bekenntnis zu Jesus Christus artikuliert. Er liegt vielmehr auch dort vor, wo er sich als Betroffenheit durch Jesus ausdrückt, wo also das Moment des Vertrauens artikuliert wird. Erst ein solch vertrauendes Einlassen auf Jesus kann, muß aber nicht zu diesem expliziten Bekenntnis zu ihm führen. Berücksichtigt man das, kommt unsere Frage mit einem sehr anderen Aspekt in den Blick. Denn jetzt können Betroffenheiten miteinander verglichen werden.

Dabei ist allerdings sofort wieder die alte (liberale) historische Frage auszuklammern. Es ist schlechterdings unmöglich, *unmittelbar* etwas über die Betroffenheit des historischen Jesus auszusagen. Ebensowenig wissen wir, wie er sich selbst verstanden hat, denn wir haben keine einzige Zeile von seiner eigenen Hand. Im Jesus-Kerygma erfahren wir immer nur, wie Menschen, die ihm begegnet sind, seine Betroffenheit erlebt haben, wie sie das Erlebte dann weitersagten.

Dann aber ist doch dieses bezeichnend: Die Betroffenheit durch Jesus (also der Glaube), aus der heraus diese Menschen ihr Kerygma gestalteten und in die sie andere Menschen rufen wollten, sagen sie als eine Betroffenheit aus, in der Jesus stand. Dabei wird sofort deutlich, eine wie gefährliche Einengung es ist, wenn man sich bei der Rückfrage nach Jesus auf seine Verkündigung beschränkt und allein sie mit dem Kerygma vergleicht. Sicher ist das Kerygma selbst Verkündigung. Sein Inhalt ist aber gerade nicht nur Jesu Verkündigung, sondern ebenso sein Tun und sein Verhalten. Oft ist es doch sogar so, daß man diese »drei Inhalte« gar nicht fein säuberlich voneinander trennen kann. Was man in vielen Traditionsstücken zwar unterscheiden kann, sind nur unterschiedliche Hinsichten *einer* Betroffenheit. Das aber ist dieselbe Betroffenheit, aus der heraus das Jesus-Kerygma formuliert wurde und in die hinein es rufen will. Die Betroffenheit der Gestalter des Kerygmas wird als durch Jesus ausgelöst ausgesagt. Zugleich aber sagt das Kerygma Jesu eigene Betroffenheit als Betroffenheit durch Gott aus. Wenn sich dann Menschen auf das Kerygma einlassen, heißt das, daß sie sich damit auf Jesus einlassen und daß sie sich damit auf Gott einlassen.

Im Rahmen christlicher Dogmatik sind wir es weithin gewohnt, daß zuerst von Gott, dann von Christus, dann vom Heil die Rede ist. Das kann unter gewissen Voraussetzungen durchaus sinnvoll sein. Man muß nur erkennen, daß hier eine systematisierende Umkehrung stattgefunden hat. In christlicher »Erfahrung« liegt die Sache eben anders. Das Kerygma stellt vor die Zumutung, sich auf Jesus einzulassen. Wer die daraus resultierende Betroffenheit als Heil erfährt, kann soteriologische Aussagen machen. Reflektiert er den Auslöser des Heils, kann er christologische Aussagen machen und die zu theologischen Aussagen weiterführen. Diese Reihenfolge kann man, wie gesagt, umkehren. Wenn dann aber nicht unmißverständlich deutlich bleibt, daß es sich um eine Umkehrung handelt, kommt die Unmöglichkeit heraus, ohne Betroffenheit Aussagen über Gott machen zu wollen. Das sind dann jedoch keine Aussagen über Gott (und darum auch keine theologischen Aussagen), sondern das sind Aussagen über Vorstellungen von Gott (und darum religionswissenschaftliche). Wer es mit christlicher Religionswissenschaft zu tun hat, irrt sich, wenn er meint, er hätte es damit auch schon unmittelbar mit christlicher Theologie zu tun. Mir scheint, daß man diese Problematik einmal sehr genau bedenken sollte. Man wird dann das Wort »theologisch« nicht mehr so gedankenlos verwenden, wie das heute im christlichen Raum oft geschieht.

Doch nehme ich jetzt den eben liegengelassenen Satz noch einmal auf. Ich sagte: Wenn sich Menschen auf das Kerygma einlassen, heißt das, daß sie sich damit auf Jesus einlassen und daß sie sich damit auf Gott einlassen. Bultmann hat häufiger formuliert, daß die Predigt (heute!) eschatologisches Ereignis sei. Vielleicht sollte man etwas genauer sagen, daß die Predigt das eschatologische Ereignis (bei den Hörern) auslösen möchte. Sie will das, weil sie in dieselbe Betroffenheit ruft, in die das Jesus-Kerygma rufen wollte. Das Jesus-Kerygma verdankt sein Entstehen der Erfahrung einer Betroffenheit, die Menschen an Jesus gemacht haben. Wenn es dann aber bei Jesus und bei diesen Menschen um die Selbigkeit der Betroffenheit geht, dann lohnt sich kein Streit mehr, ob man Jesus einen Christen nennen soll oder nicht. Er ist »Anfänger des Glaubens« (Hebr 12,2). Darum geht er allem christlichen Glauben voran. Aber er geht ihm so voran, daß er als »Anfänger« derselben Betroffenheit immer auch in diesen Glauben hineingehört, so daß man mit Luther die kühne Formulierung wagen kann, es sei Würde und Aufgabe des Christen, dem Nächsten zum Christus zu werden.

Dann aber kann man auch den Satz wagen: Jesus war der erste Christ.

3. Jesus – Bringer oder Inhalt des Evangeliums?

Mit diesem Thema haben Sie mir eine Frage gestellt, die man heute eigentlich nur noch selten so formuliert. Aber es war wohl auch Ihre Absicht, Assoziationen zu wecken.
So will ich mich darauf einlassen.

I.
Sie spielen ganz offensichtlich an auf meine Wendung: »Die Sache Jesu geht weiter«. Bringt man diese in Zusammenhang mit der Frage des Themas, besteht die Vermutung (oder, wenn man will, auch der Verdacht), daß ich dieselbe Antwort geben müßte, die Harnack um die letzte Jahrhundertwende in Berlin in seiner berühmten Vorlesung »Das Wesen des Christentums« gegeben hat. Der wohl am meisten bekanntgewordene Satz daraus lautet: »Nicht der Sohn, sondern allein der Vater gehört in das Evangelium, wie es Jesus verkündigt hat, hinein.«
Damit scheint zunächst dieses klar: Für Harnack war Jesus nicht Inhalt des Evangeliums. Freilich sollte man das gerade angesichts des zitierten Satzes nicht gar zu schnell so allgemein sagen. Meist hat man nämlich die Worte »wie es Jesus verkündigt hat« überlesen. Damit hat man bewußt oder (wahrscheinlicher) unbewußt den Sinn zumindest dieses Satzes verschoben. Darauf wird noch einzugehen sein. Die allgemeine Tendenz der Ausführungen Harnacks in der Darstellung des Wesens des Christentums war jedenfalls, die Christologie zurückzudrängen, dafür die »Nachfolge« betont herauszustellen. Jesu Evangelium ist der Orientierungspunkt. Darum kann es nicht darauf ankommen, an Jesus zu glauben; vielmehr gilt es, wie Jesus zu glauben. Er hat das Evangelium gebracht; sein Inhalt ist er erst später geworden.
Wenn ich dann aber von der »Sache Jesu« rede, die weitergeht, stelle ich mich doch offenbar auf die Seite Harnacks. Versteht man meine Wendung als eine Beschreibung des Wesens des Christentums (um das

mit Harnack auszudrücken), dann wird dieses anscheinend auch sozusagen an der Christologie vorbei beschrieben. Habe ich im Grunde nicht nur das Wort »Evangelium« durch ein anderes, eben »Sache Jesu«, ersetzt? Jesus wäre dann als Bringer dieser Sache zu verstehen, nicht jedoch als ihr Inhalt und schon gar nicht als »Sache« selbst. Mit der Wendung: »Die Sache Jesu geht weiter«, wäre also im Grunde die alte liberale Position Harnacks aufgefrischt. Nach allgemeinem Verständnis wäre das ein Rückfall in eine Konzeption, die man doch inzwischen überwunden hatte.

Indes scheint mir »die Sache« so einfach nun doch nicht zu sein. Ich will jetzt nicht untersuchen, ob man Harnack ganz richtig verstanden hat, wenn man ihn in die Alternative unserer Thema-Frage preßt. Unbestritten dürfte sein, daß man ihn in dieser Alternative gesehen hat. Das liegt ja nahe, denn wenn Harnack meinte, Jesus sei (zumindest ursprünglich) nicht Inhalt des Evangeliums, dann war er eben – *nur* sein Bringer. Das ist richtig. Doch achten Sie bitte einmal darauf, daß ich jetzt das Wörtchen »nur« hinzugefügt habe. Unsere Thema-Frage dürfte dann aber eigentlich nicht mehr lauten: »Jesus – Bringer oder Inhalt des Evangeliums?«, sondern sie müßte lauten: »Jesus – *nur* Bringer des Evangeliums oder *auch* sein Inhalt?« Damit wird die Frage aber nicht etwa lediglich präzisiert, sondern sie wird verwandelt. Strittig ist ja nicht, ob Jesus Bringer des Evangeliums war. Zumindest für Harnack bestand daran kein Zweifel. Heute ist man da nicht immer so sicher, wie wir noch sehen werden. Es gibt eben echte und falsche Alternativen. In hitzigen Auseinandersetzungen erliegt man gar zu leicht der Versuchung, falsche Alternativen aufzustellen. Unbesehen fallen andere darauf herein und unterliegen dabei der Demagogie, die fast immer falschen Alternativen innewohnt.

Bei einer anderen Alternative, auf die ich schon hinwies, liegt es ähnlich: Glaube *an* Jesus oder Glaube *wie* Jesus? Gerade in der jüngsten Phase der Diskussion um den historischen Jesus scheiden sich hier oft die Geister. Nur, scheidet man sie richtig, wenn man sie *so* scheidet? Schließt der Glaube *an* Jesus denn aus, daß man *in* diesem Glauben *wie* Jesus glaubt? Die Differenz liegt doch in Wahrheit an einer ganz anderen Stelle. Es geht um die Frage, ob ein Glauben wie Jesus zum Glauben an Jesus werden *muß*, wie er das werden kann, wie er das geworden ist. Denn sowenig man Jesus absprechen wird, daß er ein Evangelium gebracht hat, so wenig wird man ihm absprechen wollen, daß er geglaubt hat. Man sollte also in den Diskussionen genau darauf achten, wo der strittige Punkt wirklich liegt. Tut man das nicht, errichtet man gar zu leicht falsche Fronten. Wer aber, wie ich, in seiner Position angegriffen wird, muß sich sehr hüten, sich auf eine falsche Alternative einzulassen.

Ich kann also Ihre Thema-Frage so nicht aufnehmen, wohl aber deren Intention. Und da sich die Formulierung an einer alten Diskussion orientiert, will ich uns zunächst einiges daraus ins Gedächtnis rufen.

II.

Harnack stand mit seiner Auffassung nicht allein. Er war ein Vertreter der sogenannten liberalen Theologie, die allerdings gerade er besonders wirksam zur Geltung brachte. Eben darum entzündete sich auch an ihm der Streit mehr als an manchen anderen. Es war ein Streit mit der sogenannten konservativen Theologie. Sie legte Gewicht auf die Feststellung, daß Jesus Inhalt des Evangeliums ist, während er für die Liberalen eben »nur« Bringer war.

Nun muß man sehen, daß in dieser Auseinandersetzung zwei Ebenen ineinandergeschoben wurden: die dogmatische und die historische. Symptomatisch dafür ist z. B. die schon erwähnte Tatsache, daß der meistzitierte Satz aus Harnacks Vorlesung nahezu immer verkürzt zitiert wurde und daß das vermutlich ganz unbewußt geschah. Aus der historischen Feststellung, die eine Aussage macht über das Evangelium »*wie es Jesus verkündigt hat*«, wurde jetzt der dogmatische Satz: »Nicht der Sohn, sondern allein der Vater gehört in das Evangelium hinein.« Im Rahmen christlicher Theologie kann man diese beiden Ebenen, die historische und die dogmatische, sicher nicht fein säuberlich scheiden, da sie miteinander zusammenhängen. Die dogmatische ist stets irgendwie auf die historische angewiesen, und die historische tendiert stets hin zur dogmatischen. Dennoch muß man sie unterscheiden und diese Unterscheidung so sorgfältig wie möglich durchhalten, wenn man nicht Kurzschlüssen verfallen will. Immer wieder ist das jedoch geschehen; und man mag die Frage stellen, ob sich das Problem überhaupt definitiv lösen läßt. Vielleicht hängt es zutiefst mit der Sache selbst zusammen, daß alle Antworten immer wieder neue Fragen entbinden, weil in Frage, Antwort — und neuer Frage sich der Unterwegs-Charakter von Glaube und Theologie zeigt. Das gibt uns einerseits die Freiheit, frühere Antworten zu kritisieren, macht uns andererseits bescheiden und verhindert, daß wir meinen, nun endlich die definitiv richtige Antwort gefunden zu haben.

Der *eigentliche* Streit damals war ein *dogmatischer*. Es ging um das Bekenntnis. Orientiert man sich an seiner zentralen Formulierung »Ich glaube an Jesus Christus«, ist damit doch offenbar gegeben, daß Jesus Inhalt des Evangeliums ist. Der Ruf »Glaubet an das Evangelium,« mit dem Jesus seine öffentliche Wirksamkeit begann (Mk 1,15), und das heutige Bekenntnis des Glaubens an ihn sind dann identisch. Nimmt man Jesus dagegen aus dem Evangelium heraus, versteht man ihn »nur« als seinen Bringer, dann wird es ein anderes Evangelium. Das scheint einzuleuchten; und auf *dieser* Ebene wird dann auch die Leidenschaft verständlich, mit der die Auseinandersetzungen geführt wurden.

Ausgetragen wurde dieser Streit indes vornehmlich auf der *historischen* Ebene, denn von ihr bezog man die Argumente. Man versuchte eben, die dogmatische, also die an der Gegenwart orientierte Frage (wer *ist* Jesus?) mit Hilfe eines historischen Ergebnisses zu beantworten (was *brachte* Jesus?) Auf dieser Ebene gingen dann die Meinungen auseinander. Es war ja nie ernsthaft strittig, daß er Evangelium gebracht hat. Aber brachte er damit »etwas« (wie immer man das inhaltlich bestimmte), oder brachte er damit – und vielleicht sogar in erster Linie – sich selbst? In dieser Auseinandersetzung kann man etwas höchst Seltsames beobachten. Bei allem Streit übersah man nämlich, daß man an einem entscheidenden Punkt einig war – und gerade an diesem Punkt irrte. Man hatte nämlich – durch alle Differenzen hindurch – immer noch eine gemeinsame Voraussetzung, unterließ jedoch die Prüfung, ob diese Voraussetzung stimmte. Diese Prüfung unterließ man auf beiden Seiten. Für die Weiterführung der Diskussion kommt jetzt nahezu alles darauf an, diesen Punkt genau zu erkennen, also eben den Punkt, an dem man einig war. Er läßt sich relativ schnell zeigen. Man meinte nämlich, daß man das historische Ergebnis unmittelbar in die Dogmatik hineinnehmen konnte. Wenn (der historische) Jesus in das Evangelium, das er brachte, nicht selbst hineingehörte, dann, so folgerte man, könne er auch heute nicht mit Recht als Inhalt des Evangeliums bezeichnet werden. Wenn es historischer Forschung jedoch zu zeigen gelang, daß Jesus von Anfang an Inhalt des Evangeliums war, dann mußte er es auch heute sein; aber nur dann konnte er es auch.

Sieht man diesen Zusammenhang, versteht man sogleich die Leidenschaft der – historischen Auseinandersetzung. Ihre Ergebnisse (so meinten *beide* Seiten) tangieren unmittelbar den Glauben. Genau diese Überzeugung war dann geeignet, dem historischen Fragen die Unbefangenheit zu nehmen, auf die es aber nicht verzichten kann, wenn man die

Dinge so sehen will, wie sie waren, nicht aber, wie man gern möchte, daß sie gewesen sind. So warfen dann insbesondere die liberalen Theologen ihren konservativen Kollegen vor, daß sie ihre historischen Untersuchungen mit einem dogmatischen Vorurteil trieben und damit die ganze historische Arbeit schon im Ansatz verdürben. Für sich selbst nahmen sie dagegen in Anspruch, undogmatisch zu sein. So legten sie dann unkonventionelle Ergebnisse vor, die natürlich jeden schockieren mußten, der historische Ergebnisse für dogmatisch verbindlich hielt und nun durch die liberalen Theologen mit Ergebnissen konfrontiert wurde, die mit dem Bekenntnis nicht in Einklang zu bringen waren.

Wenn wir heute auf die historische Forschung jener Zeit zurückblicken, müssen wir feststellen, daß sich die in der liberalen Theologie erarbeiteten Ergebnisse in einem ganz erheblichen Umfang durchgesetzt haben. Von den historischen Ergebnissen der konservativen Theologen kann man dasselbe nicht behaupten. Selbstverständlich hat es auf der liberalen Seite auch Forscher gegeben, die (nicht ganz selten aus einer gewissen Allergie gegen das kirchliche Dogma) in der historischen Kritik weit über das Ziel hinausschossen. So etwas war ärgerlich, ist wahrscheinlich aber nie völlig vermeidbar. Aufs Ganze gesehen kann man jedoch feststellen, daß es heute kaum jemanden gibt, der nicht der rückhaltlosen Redlichkeit jener liberalen Theologen seinen Respekt zollen muß. Diese Forscher waren bereit, ihre (oft auch für sie selbst) überraschenden, darum keineswegs immer angenehmen, Ergebnisse öffentlich zu vertreten – und dann auch dogmatische Konsequenzen daraus zu ziehen. Sie nahmen es dabei in Kauf, daß ihnen das häufig genug den Ruf einbrachte, »ungläubig« zu sein.

Freilich muß man nun auch feststellen, daß diese liberalen Theologen einer Selbsttäuschung verfielen, wenn sie meinten, nur ihre Gegner träfe der Vorwurf, dogmatisch befangen zu sein, sie selbst sich aber von *jedem* dogmatischen Vorurteil frei wähnten. Das traf nämlich nur für ihre historische Arbeit zu. Bei ihr waren sie in der Tat insofern undogmatisch, als sie sich nicht vom Bekenntnis bestimmen ließen. Das hatte dann ja eben auch die größere Nachwirkung ihrer historischen Ergebnisse zur Folge. Dennoch waren sie auch in einer dogmatischen Konzeption befangen, die nur an einer anderen Stelle lag, darum auch anders aussah. Nicht das Bekenntnis bestimmte sie in ihrer historischen Arbeit (und im allgemeinen pflegen wir ja nur diese Abhängigkeit »dogmatisch« zu nennen). Sie ließen sich indes bestimmen von einem unkritischen Zutrauen in die *dogmatische* Leistungsfähigkeit ihrer historischen Ergebnisse: Nur das historisch Zuverlässige konnte und sollte für den Glauben verbindlich sein. Wieder auf unser konkretes Problem bezogen: Jesus konnte nur dann heute als Inhalt des Evangeliums gelten, wenn er Inhalt des Evangeliums war, das er brachte. Das war die nicht mehr hinterfragte Voraussetzung. Voraussetzungen aber, die nicht hinterfragt werden, sind dogmatisch.

Nun wäre es allerdings ungerecht, weil zu billig, wenn man aus so großem Abstand heraus den liberalen Theologen einen Vorwurf daraus machen würde, daß sie *ihre* dogmatische Befangenheit nicht gesehen hätten. Selbst wer seine eigenen Voraussetzungen sehr kritisch überprüft, wird niemals alle erkennen. Ein anderer sieht sie oft genauer; spätere Generationen fast immer besser. In unserem Fall liegt jedoch das Besondere nun gerade darin, daß die liberalen Theologen *diese* Befangenheit mit ihren konservativen Kollegen teilten: Auch sie waren ja brennend daran interessiert, das Bekenntnis historisch zu begründen. In dieser dogmatischen Voraussetzung waren sich beide Seiten eben einig. Der Unterschied zwischen ihnen bestand lediglich darin, daß die konservative Gruppe meinte, das gegenwärtige Bekenntnis historisch begründen zu können, die liberale das jedoch für nicht möglich erklärte.

Mit Etikettierungen ist es so eine eigene Sache. Es ist schwer zu definieren, was konservativ und was liberal ist. Im allgemeinen urteilt man dabei nach dem jeweiligen Ergebnis. Stimmt es mit dem Bekenntnis überein, gilt es als konservativ; ist das nicht der Fall, gilt es als liberal. Diese Einteilung ist jedoch nicht ohne Problematik, weil sie sich ausschließlich an Ergebnissen orientiert. Liberal ist aber auch die Bezeichnung für eine Methode. Wenn man jetzt sagt, für die liberale *Theologie* sei kennzeichnend, daß historische Ergebnisse (nahezu ungebrochen) theologisch relevant sind, dann muß man füglich auch die sogenannten Konservativen *theologisch* als liberal bezeichnen. Denn genau diese *Methode* wandten sie selbst an.

Was in dieser Diskussion also offengeblieben ist, ist nicht eigentlich eine Differenz in den Ergebnissen. Die ist zwar immer am auffälligsten; doch wer sein Augenmerk darauf richtet, sieht dennoch nur das Vordergründige. Letztlich offengeblieben ist vielmehr die methodische Frage, wie Historie und Bekenntnis aufeinander zu beziehen sind. Geht es wirklich so unmittelbar, wie man auf beiden Seiten meinte? *Wenn* man sich schon darauf einließ, dann konnte das freilich nur gelingen, wenn man die *historische* Frage wirklich »liberal« betrieb. Denn wenn das Dogma durch die Historie begründet werden sollte, sich also am historischen Ergebnis als Prüfungsinstanz ausweisen lassen mußte, dann konnte solche Prüfung nur dann sinnvoll sein, wenn man die Prüfungsinstanz selbst zunächst ohne Rücksicht auf das Bekenntnis historisch herausarbeitete. So hatten die liberalen Theologen für ihre *historische* Arbeit zweifellos die bessere Position.

Zugleich zeigt sich hier dann aber auch ihre Schwierigkeit. Eine solche Prüfungsinstanz kann die ihr zugedachte Aufgabe doch nur dann leisten, wenn man sie inhaltlich eindeutig bestimmen kann. Das wiederum war nur dann möglich, wenn es gelang, eindeutige und sichere Ergebnisse zu erzielen. Nur schafften das auch die liberalen Theologen nicht. Langsam dämmerte dann auch die Einsicht, daß das vermutlich nie möglich sein wird. Wissenschaftliche Ergebnisse sind immer dem Wandel unterworfen. Selbst wenn sich hier und dort in bestimmten Fragen ein Konsensus abzeichnet (ich nenne in diesem Zusammenhang etwa die Zwei-Quellen-Theorie, mit deren Hilfe man das synoptische Problem löste), blieb auch der nicht unbestritten. Hinzu kam, daß die damals in großem Umfang einsetzende (Entdeckung und) Auswertung religionsgeschichtlicher Quellen immer neue Unsicherheiten in die historischen Urteile brachte. Wie aber sollten dann solche Ergebnisse in die Dogmatik eingebracht werden?

Die Antwort, die man schließlich auf diese Frage gefunden zu haben meinte, klingt auf den ersten Blick geradezu überraschend, fast schon abenteuerlich. Sie lautet nämlich: gar nicht. Man sprach den – doch immer unsicheren – historischen Ergebnissen die dogmatische Relevanz überhaupt ab. Machte man damit aus der Not eine Tugend?

III.

Der Eindruck könnte durchaus entstehen; und es wäre reizvoll, die ganze Entwicklung nachzuzeichnen, die zur Überwindung der liberalen Theologie führen sollte. Das kann ich in diesem Rahmen nicht leisten, da ich dann die Geschichte der Forschung (und ihren Einfluß auf die Kirche) darstellen müßte, die unmittelbar nach dem Ersten Weltkrieg begann und in den fünfziger Jahren einen gewissen Abschluß erreichte. Ich kann indes nur andeuten und orientiere mich dabei an dem Problem, das hinter unserer Thema-Frage steht. Man erzielte nämlich in dieser Zeit innerhalb der von Bultmann (z. T. durch den Einfluß von Barth) inaugurierten und dann später so genannten Kerygma-Theologie einen weitgehenden Konsensus, den man mit dem oft zitierten Satz wiedergeben kann: »Der Verkündiger ist zum Verkündigten geworden«.

Angesichts dieses Satzes könnte man den Eindruck gewinnen, daß man mit ihm doch gar nicht über Harnack hinausgekommen war. Jesus war der Verkündiger (also der Bringer des Evangeliums); später ist er zum Verkündigten (also zum Inhalt des Evangeliums) geworden. Hatte Harnack denn etwas anderes gesagt? Und so sprach man dann sehr oft auch hier von der »alten liberalen Lösung« (die man, wie gesagt, auch hinter meiner Wendung: »Die Sache Jesu geht weiter« vermutet).

Dieser Eindruck täuscht jedoch, wie zunächst einmal für die Kerygma-Theologie gezeigt werden soll. Ohne Zweifel liegt eine (zumindest weitgehende) Übereinstimmung im *historischen* Ergebnis vor. Die *dogmatischen* Positionen sind jedoch diametral entgegengesetzt. Für liberale Theologie bedeutet die Feststellung, daß der Verkündiger des Evangeliums zu seinem Inhalt geworden war, eine Entfernung vom ursprünglichen Evangelium. Durch Hineinnahme der Christologie wurde es verhängnisvoll verändert. Da aber das heutige Evangelium dem ursprünglichen Inhalt entsprechen muß, galt es, die Veränderungen rückgängig zu machen. – Nun ist die Kerygma-Theologie zwar auch daran interessiert, daß sich das heutige Bekenntnis am ursprünglichen Evangelium orientiert, nur beginnt für sie das Evangelium als Evangelium überhaupt erst da, wo der Verkündiger zum Verkündigten wurde, und das heißt für sie: mit Kreuz und Auferstehung. Obwohl Jesus »nur« der Verkündiger war (und das ist eine *historische* Feststellung), ist es dennoch legitim, ihn als Inhalt des Evangeliums zu verkündigen und ihn im heutigen Bekenntnis als Geglaubten auszusagen (und das sind *dogmatische* Behauptungen).

Wir werden noch zu fragen haben, wie diese Konzeption entstehen konnte und welche Konsequenzen aus ihr erwachsen. Zunächst aber wollen wir einen kleinen Augenblick innehalten und diese Konzeption mit der um die Jahrhundertwende vertretenen vergleichen. Was da im Laufe von knapp zwei Generationen geschehen ist, ist zwar schon mehrfach ausgesprochen worden, ist aber bis heute viel zu wenig in das allgemeine Bewußtsein gedrungen, sehr zum Schaden vieler Diskussionen, auch gerade öffentlich geführter. Durchweg herrscht die Meinung vor, daß die Kerygma-Theologie das Erbe der liberalen Theologie angetreten hat. Als Beispiel braucht man ja lediglich auf Bultmann zu verweisen, der der liberalen Schule entstammt. (Seine Geschichte der synoptischen Tradition, deren erste Auflage 1921 erschien, ist das Werk eines liberalen Theologen.) Doch mit dieser Etikettierung übersieht man gar zu leicht Wesentliches, insbesondere den bald danach einsetzenden Einfluß der dialektischen Theologie (später Heideggers) auf den (noch) liberalen Bultmann. Nun müßte es doch gerade aufregen, daß die Kerygma-Theologie *dogmatisch* zu dem Ergebnis der alten Konservativen kommt. Beide stimmen darin überein: Im heutigen Bekenntnis geht es um den Verkündigten. Es geht keinesfalls darum, *wie* Jesus zu glauben, sondern christlicher Glaube ist per definitionem Glaube *an* Jesus Christus. Eben das aber hätte Harnack nie sagen können; dem hätte keiner der alten liberalen Theologen zugestimmt. Man sollte also meinen, daß diejenigen, die die alten konservativen Traditionen fortsetzten, sich nun bestätigt fühlen mußten. Mochte man historisch vielleicht auch noch unterschiedlicher Meinung sein, im (heutigen) Bekenntnis war man endlich wieder einig. Die ärgerlichen Lehrauseinandersetzungen um die Jahrhundertwende, die auch in den Kirchen der Reformation gelegentlich zu Lehrzuchtverfahren geführt hatten, konnten beigelegt werden.

Wir wissen, daß genau das nicht der Fall war. Wie konnte das geschehen? Eine seltsame »Vertauschung der Fronten« fand statt (Käsemann). Die konservative Seite wollte den Kerygma-Theologen das Bekenntnis nur dann abnehmen, wenn diese es *auch* historisch begründeten. Das konnten sie nicht. In ihrer historischen Forschung blieben die Kerygma-Theologen liberal. Sie gewannen nicht nur ihre historischen Ergebnisse unbeeinflußt vom Bekenntnis, sie hielten ebenso die Diskussion der (auch in ihren Reihen) unterschiedlichen Ergebnisse aus der Bindung an das Bekenntnis heraus. Die *historische* Diskussion war wirklich freigegeben, denn das Bekenntnis wurde ja durch deren Ergebnisse nicht tangiert.

Genau das machte man auf konservativer Seite den Kerygma-Theologen zum Vorwurf. Oft wurde warnend gesagt, daß es in der Theologie, auch in der historischen Forschung innerhalb der Theologie, »unbegrenzte Freiheit« nicht geben könne. Warum aber eigentlich nicht, wenn man sich streng an die historischen Methoden hielt? Nun eben, weil Historie und Bekenntnis aufeinander zu beziehen sind. Nur wenn Jesus ursprünglich Inhalt seines Evangeliums war, konnte er im heutigen Bekenntnis Inhalt des Evangeliums sein. Das heißt aber nicht weniger als dieses: Die konservative Seite hielt an der liberalen *Konzeption* fest. Genau das war ja das Anliegen der alten liberalen Theologen, die von eben dieser Konzeption aus ihre Kritik am Dogma übten.

So kann man dann in der Tat fragen, wen man jetzt mit recht liberal, wen man konservativ nennen soll. Soll man sich dabei an den Ergebnissen orientieren, oder soll die grundsätzliche Konzeption darüber entscheiden? Die Antwort wird noch einmal dadurch erschwert, daß die

Begriffe ja durchaus nicht immer wertneutral benutzt werden. Nicht jeder ist leicht bereit, sich einen liberalen Theologen nennen zu lassen. So ist es dann auch sicher etwas vereinfacht, kann aber mindestens zur Verdeutlichung helfen, wenn man unterscheidet: Die Kerygma-Theologen hatten die liberale Konzeption aufgegeben. In ihren dogmatischen Aussagen waren sie aber konservativ. In ihrer historischen Arbeit und in ihren historischen Ergebnissen blieben sie liberal. – Die traditionell konservative Seite dagegen bewahrte nicht nur das Dogma (auf das sie sich jetzt mit den Kerygma-Theologen hätte einigen können), sondern sie bewahrte nun gerade auch die alte liberale Konzeption, deren liberalen Charakter sie freilich meist nicht durchschaute. In der historischen Arbeit setzten sich freilich mit der Zeit auch liberale Tendenzen durch, bei den einzelnen Forschern unterschiedlich; in den historischen Ergebnissen blieb jedoch durchweg eine Neigung zum Konservativen bestehen.

Selbstverständlich darf solche Klassifizierung nur mit Vorsicht benutzt werden, da eine Schematisierung dabei unvermeidbar ist. Immerhin kann sie aber Tendenzen deutlich machen. Auf beiden Seiten strebt man weg von der liberalen Theologie. Man will sie überwinden, was aber stets nur in Anknüpfung geschehen kann. Wo jedoch angeknüpft, wo weitergeführt werden soll, bleibt umstritten; und es wird auch nicht immer bewußt, wo Altes, das man überwinden will, tatsächlich doch mitgenommen wird.

IV.

Den schärfsten Bruch mit der liberalen Theologie hat nun ohne Zweifel die Kerygma-Theologie vollzogen. Nur sie hat die alte *Voraussetzung* radikal in Frage gestellt und ihre Gültigkeit dann bestritten. Ich verdeutliche das, indem ich mich wieder an unserer Thema-Frage orientiere. Harnack war noch der Meinung, daß Jesus Bringer eines Evangeliums war, das heute mit demselben Inhalt nicht nur verkündigt werden kann, sondern auch nur mit diesem Inhalt verkündigt werden soll. Genaugenommen war dann nach ihm ein Evangelium, das Jesus selbst zum Inhalt hatte, ein anderes Evangelium. – Mit dem Satz »Der Verkündiger wird zum Verkündigten« bestätigt die Kerygma-Theologie das *historische* Ergebnis Harnacks. *Dogmatisch* dagegen behauptete sie (und das nun gerade gegen Harnack), daß christlicher Glaube zu definieren ist als Glaube *an* Jesus Christus, daß er damit den Verkündigten zum Inhalt hat. Verbindet man nun das historische Ergebnis mit der dogmatischen

Behauptung, dann folgt daraus: Erst *seit* der Verkündiger zum Verkündigten wurde, gibt es christlichen Glauben.

Die Differenz tritt noch schärfer heraus, wenn man einmal versucht, die in beiden Positionen benutzte unterschiedliche Terminologie einander anzugleichen. Ich tue das, indem ich die Aussage der Kerygma-Theologie in der von Harnack verwandten Begrifflichkeit ausdrücke. Setzt man nämlich christlichen Glauben, der den Verkündigten zum Inhalt hat, mit Evangelium gleich, dann muß man jetzt formulieren: Jesus hat zwar verkündigt; aber was er verkündigte, war noch nicht das Evangelium. Das gab es zur Zeit Jesu noch gar nicht. Was für Harnack *das* Evangelium ist (nämlich der Inhalt der Verkündigung Jesu), ist für die Kerygma-Theologie noch gar nicht »Evangelium«. Umgekehrt: Was bei Harnack wie ein anderes Evangelium erscheint, nämlich die Christologisierung der Verkündigung durch und nach Ostern, ist in der Kerygma-Theologie erst wahrhaft *das* Evangelium.

Ich denke, jetzt wird unmißverständlich deutlich, eine wie totale Verkennung der Position der Kerygma-Theologie vorliegt, wenn man ihren Satz vom Verkündiger, der zum Verkündigten wurde, als eine Wiederholung der alten liberalen Auffassung Harnacks versteht. Man muß vielmehr sagen, daß diese gerade auf den Kopf gestellt worden ist. Denn in der liberalen Konzeption impliziert das historische Urteil ein dogmatisches. In der Kerygma-Theologie dagegen impliziert das dogmatische Urteil – nun gerade (zumindest mittelbar) ein historisches: Da es christlichen Glauben und damit Evangelium erst gibt, seit es den Glauben an den Verkündigten gibt, *kann* der verkündigende Jesus noch gar kein Evangelium gebracht haben.

Unwillkürlich fragt man hier natürlich, ob das stimmen kann. Hat Jesus denn wirklich noch kein Evangelium gebracht? Ist dieses Zugeständnis der Preis, den man zahlen muß, wenn man die liberale Theologie überwinden will? Lange Zeit war man in der Kerygma-Theologie in der Tat der Meinung, heute allerdings nicht mehr überall. Doch bevor wir Kritik an den Ergebnissen dieser Konzeption üben, fragen wir zunächst kurz, wie sie denn zustande kam, welche Voraussetzungen dabei im Spiele waren. Immerhin sind in der Polemik gegen die liberale Theologie Einsichten entstanden, auf die wir, wie ich meine, auch heute nicht verzichten dürfen, selbst wenn wir die Konsequenzen daraus nicht so übernehmen können. Denn auch hier gilt es, ein Erbe zu bewahren, so wie die Kerygma-Theologie ihrerseits dem Erbe der historischen Arbeit der liberalen Theologie mit Recht verpflichtet blieb. Allerdings kann ich auch hier nur andeuten. Die vielfältigen Motive ordne ich so, daß ich mich an den beiden Aspekten orientiere, dem historischen und dem dogmatischen, deren Zuordnung zueinander ja den Hintergrund unseres Problems bildet. Betrachten wir sie nacheinander.

Die historische Forschung innerhalb der Theologie hatte sich seit der Aufklärung um den (sogenannten) historischen Jesus bemüht, im Grunde von Anfang an mit einem dogmatischen Interesse. Albert Schweitzers Geschichte der Leben-Jesu-Forschung bietet ein anschauliches Bild, zeigt aber zugleich, warum diese Forschung scheitern mußte, wenn sie bei der Fragestellung der Aufklärung blieb. Keiner Generation gelang es, Jesus dazustellen, wie er historisch war. Jede Generation entwarf ihr eigenes Bild. Martin Kähler nannte (schon kurz vor Schweitzer) die Suche nach dem historischen Jesus einen Holzweg. Diese Ansätze wurden dann unmittelbar nach dem ersten Weltkrieg von der sogenannten formgeschichtlichen Forschung aufgenommen und weitergeführt. Sie kam zu dem Ergebnis, daß die vorhandenen Texte gar nicht leisten können, was man bisher von ihnen erwartet hatte. Diejenigen nämlich, die die Einzeltraditionen formulierten, die später in die synoptischen Evangelien gelangten, waren nicht daran interessiert, ein historisch und biographisch genaues Bild des Lebens Jesu zu zeichnen, sie wollten vielmehr mit Hilfe ihrer Texte verkündigen. Sie wollten mit ihren Verkündigungen zum Glauben rufen, im Glauben halten, Glauben im Lebensvollzug gestalten helfen usw. Die Texte hatten zwar Vergangenheit zum Inhalt, aber sie stellten die Vergangenheit so dar, daß mit ihrer Hilfe die jeweilige Gegenwart angesprochen werden sollte. Diesen auf Gegenwart bezogenen Charakter der Texte nannte man Kerygma. Haben wir es in diesen Texten aber mit Kerygma zu tun, dann folgt daraus, daß man sie (zumindest nicht unmittelbar) historisch befragen kann. Tut man das, dann befragt man sie gegen die Intention ihrer Verfasser. Diese konnten, eben weil sie ein kerygmatisches Interesse leitete, mit der Darstellung von Vergangenem »sorglos« umgehen, was historische Treue betrifft. Sie konnten das um so leichter, als ihnen die moderne historische Fragestellung ohnehin noch unbekannt war. Dann aber ist es gar nicht verwunderlich, daß der Versuch, mit Hilfe dieser Texte heute exakte historische Ergebnisse zu erlangen, außerordentlich schwierig ist. Denn hier ist nicht nur zu berücksichtigen, daß historische Ergebnisse immer unsicher sind und im Laufe der Forschung dem Wandel unterliegen, sondern hier kommt erschwerend hinzu, daß die Texte von sich aus das nicht leisten wollen, was man bei historischer Befragung von ihnen erwartet. Sie sind auf

Glauben aus, nicht aber auf historische Information. Geht also jetzt ein Historiker an die Texte heran, ist (zumindest) das erste Ergebnis, das er erreicht, nicht die Historie Jesu, sondern er stößt auf Kerygma und kann in diesem Kerygma das Bild erkennen, das die Urgemeinde von Jesus zeichnete, das sie aber so zeichnete, daß sie damit in ihrer Gegenwart verkündigen konnte.

Diese exegetische Einsicht stieß dann (schon Anfang der zwanziger Jahre) auf die dogmatische Konzeption der dialektischen Theologie. Hier spielte insbesondere der Begriff des Wortes Gottes eine Rolle, den man auf das Kerygma übertrug. Als Wort Gottes stellt es die Menschen vor die Entscheidung. Es fordert unmittelbar Gehorsam und erlaubt deswegen keine Rückversicherung. Wer sich angesichts des an ihn ergehenden Rufes erst noch historisch sichern will, verweigert den Glauben.

Deutlich wird dabei, daß der Glaube Wagnis-Charakter hat. Man erkennt jetzt, daß der liberale Versuch, den Inhalt des Bekenntnisses durch historische Forschung zu sichern, dem Wagnis des Glaubens Abbruch tut. Damit ist dann jedoch der Glaube überhaupt verdorben, ist er kein Glaube mehr. Das hat die Kerygma-Theologie ohne Zweifel richtig gesehen. Sie konnte darum die historische Forschung freigeben, weil ihre Ergebnisse keine theologische Relevanz mehr besaßen.

Natürlich blieb die Möglichkeit, das Kerygma historisch zu befragen. Man konnte dieses Jesus-Wort für historisch authentisch, ein anderes für Gemeindebildung erklären. Entsprechend konnte man über die Taten Jesu urteilen. Man konnte hier auch durchaus zu unterschiedlichen Ergebnissen kommen. Theologisches Gewicht hatten sie nicht, denn die historischen Urteile tangieren nicht den Anspruch des Kerygmas. Dieses war (ob sein Inhalt historisch echt war oder nicht) auf Glauben aus. Es forderte, daß man sich wagend darauf einließ.

Im Gefolge dieser Entwicklung war es dann nur konsequent, daß Bultmann seine Theologie des Neuen Testaments mit dem Satz beginnen konnte: »Die Verkündigung Jesu gehört zu den Voraussetzungen der Theologie des NT und ist nicht ein Teil dieser selbst.« Erst mit dem Kerygma beginnt der christliche Glaube. Das Kerygma aber gibt es erst seit Ostern.

Diese »Entlassung« des historischen Jesus aus der Theologie ist seit Käsemanns berühmtem Vortrag aus dem Jahre 1953 (= Exegetische Versuche und Besinnungen I, 1960, S. 187–214) auch unter den Schülern Bultmanns nicht mehr unbestritten. Die Diskussion, die sich in den letzten zwanzig Jahren daran angeschlossen hat, ist freilich außerordentlich unübersichtlich; und ein Konsensus ist bis heute nicht in Sicht. Ich will darauf hier jedoch nicht näher eingehen.

V.

Statt dessen orientiere ich mich noch einmal an der Intention unserer Thema-Frage und nehme dazu zwei Gedanken der Kerygma-Theologie auf, einen, den man nicht mehr preisgeben sollte, einen anderen, der wohl etwas modifiziert werden muß.

Nicht preisgeben sollte man den Gedanken, daß der Glaube Wagnis-Charakter hat und darum verdorben wird, wenn man ihn historisch sichern will, bevor man bereit ist, sich darauf einzulassen. Modifiziert werden dagegen muß der Satz, daß der Verkündiger zum Verkündigten wurde.

Dabei ist sofort zu betonen, daß dieser Satz ohne Zweifel historisch richtig ist: Der historische Jesus hat verkündigt; aber er hat nicht sich selbst zum Gegenstand seiner Verkündigung gemacht und hat nicht zum Glauben an sich selbst aufgerufen. Insofern liegt zwischen seiner Verkündigung und der Verkündigung der Urgemeinde ein Bruch vor. Ich halte es allerdings für eine einseitige Verkürzung, wenn man diesen Bruch immer zeitlich und sachlich mit Ostern in Zusammenhang bringt. Richtig daran ist wieder, daß es erst seit Ostern Glauben an Jesus Christus gibt. Aus solchem Glauben ist das Christus-Kerygma formuliert worden; in diesen Glauben will es rufen.

Nun ist doch aber höchst auffällig, daß es im gesamten synoptischen Traditionsgut, d. h. in den Einzeltraditionen, die dann in die drei ersten Evangelien gelangten, niemals Glauben an Jesus Christus gibt, aber auch noch nicht in den Evangelien selbst (außer Mt 18,6; 27,42). Dennoch handelt es sich in diesem Traditionszweig, wie uns Formgeschichte und Redaktionsgeschichte gelehrt haben, nicht um historische Berichte, sondern um Verkündigungen, eben um Kerygma. Ich möchte hier vom Jesus-Kerygma reden, um damit zum Ausdruck zu bringen, daß die urchristlichen Kerygmata unterschiedliche Inhalte, insbesondere unterschiedliche Strukturen haben. In beiden Fällen ist Jesus bzw. Jesus Christus Inhalt der Kerygmata. Beim Christus-Kerygma ist er es als der Verkündigte und als der Geglaubte; beim Jesus-Kerygma ist er es jedoch (immer noch) als Verkündiger bzw. als Wirkender und als der, der zum Glauben ruft.

Nun ist ganz deutlich, daß nicht nur das älteste Jesus-Kerygma, sondern überhaupt die Masse des Jesus-Kerygmas (von ganz wenigen späteren

Ausnahmen abgesehen) keinen sachlichen Einfluß durch Ostern erkennen läßt. Damit soll kein Urteil über die Zeit seiner Formulierung gefällt werden. In vielen Fällen wird es in der Gestalt, in der es uns vorliegt (oder rekonstruiert werden kann), erst nach Jesu Tod entstanden sein. Wenn man aber den mit Ostern erfolgten Bruch so bezeichnet, daß der (historische) Jesus, der zum Glauben rief, nun der geworden ist, an den geglaubt wurde, dann hat das Jesus-Kerygma gerade *diesen* Bruch nicht mitvollzogen, und *insofern* könnte man sagen, daß es eine »vorösterliche« Traditionsstufe bildet, auch wenn es nach dem Datum Ostern formuliert wurde und Jesus (allerdings als Verkündiger und Wirkender) Inhalt des Kerygmas und also Verkündigter ist.

Zugleich wird man sagen müssen, daß es keinen Grund für die Annahme gibt, Jesus-Kerygma sei überhaupt erst nach Ostern entstanden. Die Anfänge gehen auf jeden Fall in die Zeit des irdischen Jesus zurück. Dann stellt sich uns allerdings die Frage, ob man diese Zeit gleichsam unter einem Minuszeichen sehen muß, im Horizont eines Noch-nicht, das erst durch und mit Ostern durch ein Schon abgelöst wurde. Das ist doch offenbar die Meinung der Kerygma-Theologie, wenn sie betont, daß die Urgemeinde seit der Auferstehung Jesu die Äonenwende im Rücken glaubte, auf die (der irdische) Jesus noch ausblickte.

Ich halte jedoch das Reden von der zu Ostern geschehenen Äonenwende für gefährlich mißverständlich. Daß Jesus auf sie ausgeblickt hat (wie viele seiner Zeitgenossen), soll nicht bestritten werden. Daß aber etwa Paulus auf sie zurückblickt (was er selbst nie behauptet), kann nur sagen, wer diesen apokalyptischen Begriff in einem ganz anderen Sinne verwendet. Er meint doch die Ablösung dieser vergehenden Weltzeit durch die neue Welt Gottes. Die ist aber auch für Paulus noch Zukunft. Orientiert an der Vorstellung von der Äonenwende kann man also bei Jesus nicht von einem Minus reden. Hier leben Jesus und Paulus noch in der Zeit der Erwartung.

Freilich ist dann sofort hinzuzufügen, daß bei beiden die Erwartung in einer eigentümlichen Weise durchkreuzt ist. Jesus sagt den jetzigen Einbruch der (an sich als kommend gedachten) Königsherrschaft Gottes an (Mk 1,15). Paulus sagt, daß die Christen inmitten der noch bestehenden Nacht als Kinder des kommenden Tages leben (1 Thess 5,5). Beide sagen also, daß es gilt, sich inmitten dieser vergehenden Welt jetzt auf Gott und sein Heil einzulassen. Das ist immer ein Wagnis, weil der Augenschein dagegen spricht. Doch genau das ist Glauben. In diesen Glauben hat nicht erst Paulus, in diesen Glauben hat bereits Jesus gerufen.

Eben das zeigt ja das Jesus-Kerygma. Dabei muß man jedoch darauf achten, daß es nicht nur auf Glauben aus ist, sondern daß es auch von Glaubenden formuliert worden ist, d. h. von Menschen, die sich auf Jesu Ruf eingelassen haben. Bei diesem Einlassen haben sie sich aber nicht einfach und nur auf seine Verkündigung eingelassen, sondern zugleich auf ihn, weil sie ihn als jemanden erfahren haben, der die einbrechende Königsherrschaft Gottes selbst lebte. Das macht *das* Jesus-Kerygma deutlich, das Jesu Wirken und Verhalten zum Inhalt hat. Es war eben ein Fehler der liberalen Theologie, daß sie bei der Frage nach dem Evangelium, das Jesus brachte, einseitig an seine Verkündigung dachte, nach der man historisch fragen und die man so von ihm ablösen kann. Sieht man aber, daß das Jesus-Kerygma von Glaubenden formuliert worden ist, die in ihren eigenen Ruf zum Glauben auch Jesu Verhalten und Wirken aufnahmen, dann muß man einfach feststellen, daß Jesus von Anfang an Inhalt des Kerygmas war; und überspitzt könnte man formulieren: Er hat sich selbst gebracht.

Das ist natürlich nicht in dem Sinne gemeint, daß Jesus zum Glauben *an* sich selbst aufgerufen hat. Man darf die Feststellung, daß der Verkündiger zum Verkündigten wurde, nicht einfach gleichsetzen mit der anderen, daß der, der zum Glauben rief, der wurde, an den man glaubte. Für das Jesus-Kerygma gilt nur die erste Feststellung, die aber nicht auf die Verkündigung eingeengt werden darf, sondern das gesamte Wirken umfaßt. Als Wirkender wird Jesus verkündigt; und er wird so verkündigt, daß er Menschen zugemutet hat, *ihm* den jetzigen Einbruch der Königsherrschaft zu glauben, wie er sie inmitten dieser Menschen lebte. Eben das verstehe ich unter der »Sache Jesu«. Sie ist *sein* Leben der einbrechenden Königsherrschaft Gottes, *sein* Einlassen auf Gottes gegenwärtiges Heil. Im Jesus-Kerygma wird sie von Glaubenden anderen angesagt – und selbst gelebt. So bringen sie anderen Jesus. Darum gilt: Er kommt auch noch heute: die Sache Jesu geht weiter. Die Geschichte der synoptischen Tradition ist das literarische Zeugnis von diesem Weitergehen.

Damit dürfte dann die Frage unseres Themas (oder zumindest die Intention, die hinter der Frage steht) beantwortet sein – und doch wohl erheblich anders, als es durch Harnack geschah. Die alte liberale Frage nach dem historischen Jesus übersah den kerygmatischen Charakter unserer Traditionen. Billigerweise sollte man sagen: Sie hatte ihn noch nicht erkannt. So isolierte sie Jesus und sah nicht, daß es immer um durch Jesus ausgelöste Betroffenheit geht. Die Jesus Glaubenden sind konstitutiver Bestandteil des Kerygmas, das nun seinerseits zumutet, denselben Glauben zu wagen.

VI.

Abschließend noch ein kurzes Wort zum Glauben *an* Jesus Christus. Nach dem Gesagten dürfte einleuchten: Ich kann nicht einsehen, warum man erst dann von christlichem Glauben reden will, wenn Jesus Christus der ist, an den geglaubt wird. Konsequenterweise dürfte man dann die synoptischen Evangelien nicht als christliche Glaubenszeugnisse bezeichnen. Tatsächlich ist es ja auch so, daß die Kerygma-Theologie erhebliche Mühe hat, das so späte Entstehen der synoptischen Evangelien zu erklären, wenn Ostern als der scharfe Bruch verstanden wird, in dem aus dem zum Glauben Rufenden der Geglaubte wurde. Die Evangelien wären dann ja ein Rückfall in eine mit der Auferweckung Jesu überwundene Stufe.

Der Fehler liegt m. E. darin, daß man die Urgemeinde als aus einer Wurzel entstanden denkt, eben aus dem Osterglauben. Tatsächlich müssen wir jedoch mit zwei Wurzeln rechnen. Die eine wird repräsentiert durch das Jesus-Kerygma der synoptischen Tradition, die andere durch das Christus-Kerygma der vorpaulinischen und paulinischen Theologie, durch die gesamte Briefliteratur des Neuen Testaments und durch das Johannesevangelium. Offenbar hat das Christus-Kerygma also eine viel weitere Verbreitung gefunden als das Jesus-Kerygma. Dieses Nebeneinander mag nur schwer vorstellbar sein; und ich gebe zu, daß hier noch viele ungelöste Fragen liegen. Ganz unwillkürlich setzt man doch voraus, daß Beziehungen bestanden haben müssen. Wie eng die auch immer waren, Tatsache ist, daß beide Zweige sich in ihrem Sprachgebrauch sehr lange Zeit gegenseitig nicht beeinflußt haben. Immer ist entweder vom glaubenden Einlassen auf Jesus oder vom Glauben an Jesus Christus die Rede. Erst sehr spät findet eine gegenseitige Durchdringung statt.

Das Christus-Kerygma hat nun ganz sicher seinen Ursprung bei Kreuz und Ostern. Jesu Tod mußte ja zunächst als sein Scheitern verstanden werden und zu der Frage führen: Ist es möglich, daß jemand, der sich so auf Gottes Gegenwart einläßt, so zugrunde geht? Jetzt wurde die Frage nach der Sache Jesu zu einer Frage nach Jesus selbst. Diese Frage stellte sich denen, die Zeugen des Todes Jesu waren. (In Galiläa, wo das Jesus-Kerygma vermutlich zu Hause ist, stellte sich diese Frage nicht so.) Die Ostererlebnisse (wie immer die aussahen) gaben den Zeugen die Antwort: Gott hat Jesus auferweckt. In dem Zusammenhang kam es dann zum Glauben an den Auferstandenen, der sich auch sprachlich so ausdrückte und in expliziter Christologie entfaltet wurde. Freilich ist sofort zu beachten, daß der Auferstandene niemand anders war als der Irdische. Darum bedeutet Einlassen auf den Auferstandenen immer noch Einlassen auf dieselbe Sache, die der Irdische angeboten und zugemutet hatte. Eine neue »heilsgeschichtliche Stufe« ist mit Ostern nicht erreicht, auch wenn man das später oft so gesehen hat. In Wahrheit geht es jedoch darum, im Glauben an Jesus Jesu Glauben zu wagen und um seinetwillen in dieser vergehenden Welt immer wieder und immer neu als Kind des kommenden Tages zu leben.

Mit allem Risiko, den dieser Glaube einschließt.

4. Die Mahle Jesu und das Abendmahl der Kirche

Bei der Frage nach dem Sinn des christlichen Abendmahls orientiert man sich durchweg am Neuen Testament. Das scheint sachgemäß zu sein; denn man möchte ja auch heute in der Kirche das Abendmahl Jesu feiern. Aber gerade, wenn man das will, ist eine direkte Orientierung am Neuen Testament problematisch. Schon die Sprache zeigt das. Das Abendmahl hat seinen Ursprung im palästinensischen Raum. Hier sprach man aramäisch, eine späte Form des Hebräischen. Das Neue Testament aber ist uns in griechischer Sprache überliefert. Es liegt also Übersetzung vor. Das heißt nun jedoch nicht, daß die 27 im Neuen Testament zusammengefaßten Schriften ursprünglich aramäisch niedergeschrieben und dann ins Griechische übersetzt worden seien. Sie sind vielmehr – so wie sie uns jetzt vorliegen – von Männern verfaßt, die das Griechische beherrschten und sofort griechisch formulierten. Eben das aber erschwert unser Problem. Denn wenn man jetzt nach dem Sinn des christlichen Abendmahls fragt und sich dabei am Neuen Testament orientiert, bekommt man immer eine Antwort, die – weil griechisch formuliert – auch mehr oder weniger griechisch gedacht ist. Will ich wissen, wie es am Anfang war, muß ich also durch die vorhandenen Texte zurückfragen. Ist das aber möglich, wenn (von bestimmten formelhaften Wendungen abgesehen) hinter dem griechischen Text kein aramäischer Text stand, den es zu rekonstruieren gilt, sondern ein »Sachverhalt«, ein Brauch, eben ein Mahl, das wir erkennen möchten? Der Versuch soll unternommen werden.

Wir setzen jedoch ein beim Übersetzungsproblem im rein sprachlichen Bereich. Jeder, der auch nur eine fremde Sprache kennt, weiß von den Schwierigkeiten einer Übersetzung. Ganz selten kann man Wort für Wort übertragen. Man muß vielmehr den Sinn des in einer Sprache Ausgedrückten als Ganzes zu erfassen suchen, um es dann in der anderen Sprache (wieder: als Ganzes) neu zu formulieren. Übersetzung ist, wenn sie adäquat geschieht, also immer auch ein schöpferischer Vorgang. Gilt das schon von Sprachen, die miteinander verwandt sind, dann in erhöhtem Maße von solchen Sprachen, die ganz unterschiedlichen Familien angehören – wie nun eben das semitische Hebräisch-Aramäisch und das indogermanische Griechisch. Das kann man u. a. an den im Grunde überhaupt nicht miteinander zu vergleichenden Formen des Verbums zeigen. Der Grieche kennt (ganz ähnlich, wie es uns vertraut ist) bestimmte Formen für die Vorvergangenheit, Vergangenheit, Gegenwart, Zukunft usw. Im Hebräischen ist das anders. Ein Präsens fehlt; aber es gibt auch keine echten Tempora. Das Hebräische sieht lediglich auf den Vorgang und sagt aus, ob der in der Vergangenheit (oder jetzt) abgeschlossen wurde oder ob er noch unabgeschlossen ist. Im ersten Fall wird das sogenannte Perfekt benutzt, im anderen Fall das Imperfekt. Andere Zeitformen gibt es nicht.

Schon diese grammatische Differenz bereitet dem Übersetzer erhebliche Schwierigkeiten, denn welche der vielfältigen in der eigenen Sprache bekannten Formen des Verbums soll er jeweils wählen? Oft kann das nur der Kontext entscheiden. Doch das Problem liegt noch tiefer – und wir stoßen hier an eine gewisse Grenze der Übersetzungsmöglichkeit überhaupt. Keine Sprache ist ja am Reißbrett entworfen und dann den verschiedenen Völkern zum Gebrauch übermittelt worden. Sie ist vielmehr Ausdruck des jeweiligen Denkens, Erlebens, Empfindens eines Volkes. So wie mit dem Erlernen einer Sprache einem Kind Denken und Empfinden eingeprägt werden, so drückt es das eingeprägte Denken und Empfinden später mit Hilfe der Sprache aus. Die Andersartigkeit der hebräischen Sprache gegenüber der griechischen (und natürlich auch gegenüber unserer) verstehen wir darum erst dann einigermaßen umfassend, wenn wir uns diesen Zusammenhang zwischen Denken, Erleben – und Sprechen klarmachen.

Wir verdeutlichen uns das an einigen Erscheinungen des israelitischen Kultus, die in engem Zusammenhang stehen mit den uns so fremden Formen des hebräischen Verbums. Die Herkunft der meisten kultischen Feste Israels läßt sich nicht mehr mit genügender Sicherheit erhellen. Zumeist waren es ursprünglich Naturfeste, oder aber sie wurden aus der religiösen Umwelt entlehnt. Bezeichnend ist nun jedoch, daß sie durchgängig »historisiert« – oder sagen wir besser, daß sie in einer höchst bemerkenswerten Weise auf Ereignisse in der Vergangenheit bezogen wurden.

Einige Beispiele. Das Passahfest wurde vor der Landnahme von einzelnen (noch nomadischen) Stämmen im Frühjahr kurz vor dem Weidewechsel (also: wenn man im Aufbruch war) gefeiert. Später bezog man diesen Aufbruch auf den Auszug aus Ägypten, zu dessen »Erinnerung« man das Fest nun feierte. Auch das Mazzot-Fest (das Fest der ungesäuerten Brote) brachte man mit dem Auszug in Verbindung. Das Laubhütten-Fest (ursprünglich das Fest der Herbstlese) diente später der »Erinnerung« verschiedener Ereignisse der Geschichte Jahwes mit seinem Volk. Das Wochenfest brachte man in Verbindung mit der Bundschließung am Sinai. Das Purim-Fest (das wohl heidnischen Ursprungs ist) ist in nachexilischer Zeit zur »Erinnerung« der Tötung der Feinde der Juden zur Zeit der Xerxes, also zur »Erinnerung« der Bewahrung des Volkes gefeiert worden.

Wenn ich den Begriff Erinnerung in einer für unser Sprachgefühl nicht ganz geläufigen Weise mit den jeweiligen Ereignissen verbinde, dann mit Absicht. Wir würden nämlich alle dieses Feste falsch verstehen ,wenn wir von einer Erinnerung *an* den Auszug aus Ägypten, *an* die großen Taten Jahwes, *an* die Bewahrung Israels sprechen würden. Es war vielmehr so, daß diese Heilsereignisse »erinnert« wurden. Das Eigentümliche dieser »Erinnerungen« besteht darin, daß die zeitliche Distanz sozusagen aufgehoben wurde und man nun nicht jener vergangenen Ereignisse isoliert als vergangener gedachte, sondern sie mit-erlebte. So heißt es in einer alten Anweisung aus dem 2. nachchristlichen Jahrhundert: »In jeder Generation ist man verpflichtet, sich so anzusehen, als ob man selbst aus Ägypten ausgezogen wäre.« Dementsprechend wurden dann auch die einzelnen Elemente bei der Mahlzeit gedeutet. Man aß jetzt Bitterkräuter, weil die Ägypter das Leben der Väter verbittert hatten; man aß jetzt ungesäuertes Brot, weil die Väter beim Auszug keine Zeit hatten, die Säuerung des Brotteiges abzuwarten; und beim Laubhüttenfeste baute man jetzt Hütten und wohnte darin, weil die Väter auf dem Zug durch die Wüste in Hütten gewohnt hatten. Wie sehr man im Rahmen jüdischen Zeit-Denkens — besser müßte man sagen: im Rahmen jüdischen Zeit-Erlebens — die Vergangenheit vergegenwärtigt, zeigt die von der kleinen Gruppe der Samaritaner bis in unser Jahrhundert hinein festgehaltene und geübte Passah-Feierordnung: Die Mahlteilnehmer sind gegürtet, tragen den Stock in der Hand, verschlingen in großer Eile das Lamm, denn — man *ist* eben im Aufbruch aus Ägypten. Wir haben einige Mühe, uns diese Art der Repräsentation der Vergangenheit vorzustellen; wirklich nachvollziehen werden wir sie nicht können.

Der Repräsentation korrespondiert nun eine Antizipation, denn die Feste, die man jetzt feiert, sind zugleich endzeitliche Feste. Diese Bezogenheit auf die Zukunft kommt etwa in den Worten aus der Passah-Liturgie zum Ausdruck: »Dieses Jahr hier, das nächste Jahr im Lande Israel; dieses Jahr Knechte, das nächste Jahr Freigelassene.« Ein anderer Satz lautete: »So lasse uns Jahwe unser Gott, der Gott unserer Väter, erleben die Feste, die uns im Frieden *entgegenkommen* ... und wir werden dort essen von dem Passahopfer und den Schlachtopfern.« Das Passahfest war ein Hochfest messianischer Erwartungen. Ähnliches kann man aber auch vom Laubhütten-Fest sagen. Im Buch Sacharja (14,16) wird die Endzeit so geschildert: »Alle aber, welche aus allen Nationen übrigbleiben, die gegen Jerusalem herangezogen waren, werden Jahr für Jahr hinaufziehen, um sich vor dem König der Heerscharen niederzuwerfen und das Laubhütten-Fest zu feiern.«

Im Rahmen dieser Vorstellungen versteht man dann auch, daß die Endzeit vorgestellt werden konnte als Mahl am Tische Jahwes. Dieses endzeitliche Mahl kam denen, die jetzt zu Tische lagen, *entgegen*. Sie feierten es jetzt schon als einbrechende Zukunft. Dann aber ist es geradezu selbstverständlich, daß jedes jüdische Mahl kultischen Charakter trug, daß man nicht mit Heiden zusammen Mahlgemeinschaft halten durfte und daß auch kultisch unreine Juden nicht zugelassen wurden. Man aß vor Gott, vor dem Gott, der mit den Vätern den Bund geschlossen hatte und dessen Reich man entgegenging. Das Mahl vermittelte die Gemeinschaft mit Jahwe; aber es vermittelte diese Gemeinschaft geschichtlich. Oder noch anders ausgedrückt: Das Mahl »erinnert« Jahwes vergangene und zukünftige Heilsgegenwart.

Auf dem Hintergrund dieser Vorstellungen versteht man, ein wie unerhörter Vorgang es war, wenn Jesus Zöllner und Sünder an seinen Tisch lud. Das war kein Akt einfach nur menschlicher Freundlichkeit. Das war viel mehr: Jesus stellte diese Menschen neu in den Bund mit Gott hinein und gab nun gerade denen, auf die die korrekten Juden herabsahen, jetzt schon Anteil am kommenden Gottesreich. Wir haben es hier mit einem wesentlichen Zug der Botschaft Jesu zu tun: Er bietet die Gottesgemeinschaft an, ohne Bedingungen daran zu knüpfen, die zuerst erfüllt werden müßten. Paulus wird das später als »Rechtfertigung des Sünders ohne des Gesetzes Werke« ausdrücken.

Aber orientieren wir uns nun wieder am Mahl. Wir wissen, daß die junge Urgemeinde schon bald nach Ostern zu Mahlzeiten zusammenkam. Das ist – nach dem eben Ausgeführten – nicht nur leicht verständlich, das ist sogar das Nächstliegende. Christlichen Gottesdienst gab es noch nicht. Es gab aber christliche Gemeinde. Wie sollte sie die ihr gemäße Form von Zusammenkunft finden? Mag nun die Jerusalemer Gemeinde auch noch eine gewisse Verbindung zum Tempel gehalten (oder wieder aufgenommen) haben, als christliche Gemeinde konnte sie dort nicht zusammenkommen. Dann bot sich ihr aber die Zusammenkunft beim gemeinsamen Mahl an, wo ja ohnehin in ausgeprägter Weise Gemeinschaft mit Gott und untereinander erfahren wurde. Freilich mußte man diese übernommene Sitte nun modifizieren und neu füllen. Wie das geschah, läßt sich an manchen Punkten noch gut erkennen. In den sogenannten Einsetzungsberichten zum Abendmahl findet sich an einer Stelle ein interessanter Hinweis. In der wohl ältesten Formel, die Paulus überliefert und 1 Kor 11,23–25 zitiert, folgen Brotwort und Kelchwort nicht (wie Mk 14,22–24) unmittelbar aufeinander, sondern sie sind durch die Mahlzeit getrennt. Zu Beginn des Kelchwortes heißt es dort: »Ebenso nahm er den Kelch *nach dem Essen*...«

Hier stoßen wir auf das angedeutete Problem der Übersetzung. Unsere griechischen Texte gehen nicht unmittelbar auf eine aramäische Formel zurück. Sie sind vielmehr gleich griechisch formuliert worden und lassen erkennen, daß man (aus noch zu erörternden Gründen) das Abendmahl im griechisch-hellenistischen Raum um die eigentliche Mahlzeit verkürzt hat. Die uns vertraute Form der Feier hat hier ihren Ursprung. Die Wendung »nach dem Essen« aber ist ein Relikt aus der palästinensischen Zeit des Abendmahls und zeigt, daß man am Anfang tatsächlich das Abendmahl als vollständige Mahlzeit gehalten hat.

Das festliche Mahl begann im jüdischen Bereich mit dem Brotbrechen. Dabei wurde das Tischgebet gesprochen. Dann folgte die Hauptmahlzeit. Am Schluß kreiste der sogenannte Segensbecher, über dem das Dankgebet gesprochen wurde. Für unseren Zusammenhang sind nun die Texte der Gebete interessant. Eine überlieferte Danksagung lautet: »Wir danken dir, Jahwe unser Gott, daß du unseren Vätern als Erbteil gegeben hast das liebwerte gute und weite Land, daß du uns aus dem Land Ägypten herausgeführt und uns aus dem Knechtshause erlöst hast...« Hier wird also Vergangenheit »erinnert«. Es gibt aber auch »Erinnerung« der Zukunft. Eine andere Danksagung schließt mit den Worten: »Der Barmherzige, er würdige uns der Tage des Messias und des Lebens der zukünftigen Welt...« Nach den Ausführungen über die Eigentümlichkeit hebräischen Zeit-Erlebens ist sofort klar: Man kann diese Gebete nicht so verstehen, daß sie zum Denken *an* die Vergangenheit und *an* die Zukunft aufrufen wollen, sondern hier wird das gegenwärtige Mahl mit der Heilsvergangenheit verknüpft; und die Heilszukunft kommt den Mahlteilnehmern entgegen. Die zu Tische Liegenden sind die zum Bunde Gehörenden.

Genau an dieser Stelle bot sich nun der Urgemeinde die Gelegenheit, mit Hilfe modifizierter Formulierungen auszudrücken, als wer sie ihr Abendmahl feierte und wie sie es verstand. Am deutlichsten ist das noch in der von Paulus überlieferten Formel beim Wort über dem Kelch zu erkennen: Dieser Kelch ist der neue Bund in Jesu Blut. Wir müssen genau darauf achten, daß hier nicht vom Kelchinhalt die Rede ist. Wir hören das leicht heraus, weil das unserer Form der Feier entspricht. Es steht aber nicht da. – Inwiefern ist der Kelch der Bund? Nun, es ist nicht eigentlich der Kelch, sondern der kreisende Kelch gemeint, auf den sich das Wort bezieht. Die das Mahl feiernde Gemeinde, in der der Kelch kreist, ist die Gemeinde des neuen Bundes. Dieser Bund aber hat seinen Grund in Jesu Blut, das heißt im Opfertode Jesu. Hier handelt es sich nun wirklich um einen neuen Bund, der den alten Bund abgelöst hat. Dieser neue Bund, den Gott in und durch Jesus geschlossen hat, wird beim Abendmahl »erinnert«. Ganz entsprechend muß dann auch das Wort über dem Brot verstanden werden. Das Brot wird vom Hausvater gebrochen und dann herumgereicht. Dazu heißt es: »Das ist mein Leib.« Welches Wort hier beim Jerusalemer Abendmahl gesprochen wurde, läßt sich nicht mehr ermitteln. Das Wort »Leib« ist schon eine griechische Wendung, die aber ekklesiologischen Sinn hat, das heißt, die die Gemeinde bezeichnet. Leib meint hier Leib Christi in dem Sinne, daß mit einem Begriff Christus und die Seinen zusammengefaßt werden. So steht also auch hinter diesem Deutewort das Motiv der Erinnerung. Die das Mahl Feiernden, bei denen das gebrochene Brot herumgereicht wird, sind eben die Gemeinde, die Jesus »erinnert«. Damit können wir erneut vorher Gesagtes aufnehmen. Ich wies auf die Mahle des irdischen Jesus hin, in denen sich die Besonderheit seiner Botschaft und Sendung ausdrückte. Wenn die Urgemeinde nach Ostern zum Abendmahl zusammenkommt, dann »erinnert« sie nun eben diese Mahle Jesu, dann wird das in ihnen von Jesus Angebotene neu Wirklichkeit.

Ob Jesus am Vorabend seines Todes das Abendmahl ausdrücklich eingesetzt hat, kann ich in diesem Zusammenhang nicht erörtern. Historisch geurteilt ist das mehr als unwahrscheinlich. Deswegen darf man aber auf keinen Fall sagen, daß das Abendmahl dann nicht mehr auf Jesus zurückginge. Jesu Mahle werden ja erinnert. Es bleibt jedoch die Frage, warum man nachher den Ursprung des Mahles sozusagen datierte. Hier ist etwas ganz Ähnliches geschehen, wie wir es beim Entstehen der jüdischen Feste gesehen haben: Ursprüngliche Naturfeste wurden auf das Handeln Jahwes mit seinem Volk bezogen. Dieses Heilshandeln wollte man »erinnern«. Die Urgemeinde nun, die in ihrem Abendmahl zunächst die Mahle des irdischen Jesus »erinnerte«, verknüpfte es dann später mit der Passion Jesu, weil sie im Kreuz entscheidendes Versöhnungshandeln Gottes sah.

Jetzt ist aber noch auf die Erinnerung in umgekehrter Richtung hinzuweisen. Die Urgemeinde erwartete die in Kürze einbrechende Parusie, das heißt das Wiederkommen Jesu. Diesem Gedanken gab sie nun auch in ihren Mahlgebeten Ausdruck. Aufschlußreich sind hier schon die von Paulus im Zusammenhang mit der Abendmahlstradition überlieferten Worte: »... bis daß er kommt« (1 Kor 11,26). Noch deutlicher ist dann aber eine liturgische Wendung, die zweimal im Neuen Testament begegnet (einmal sogar im aramäischen Wortlaut) und die ziemlich sicher ihren ursprünglichen Ort in der Mahlfeier hatte: maranatha – Komm, Herr; (bzw. Komm, Herr Jesu! 1 Kor 16,22; Offb 22,20). Man hat sich in der Forschung oft darüber gestritten, ob die Urgemeinde damit um das Kommen Jesu *zur Mahlfeier* gebeten hat, oder aber ob hier nur auf das *endzeitliche* Kommen Jesu geblickt, also die baldige Parusie erbeten wird.

Diese Alternative ist typisch abendländisch gedacht. Sie setzt unser Zeit-Denken voraus. *Wir* können hier kaum anders als von einem Entweder-Oder reden. Aber was nach unserem Zeit-Denken eine Alternative ist, ist für hebräisches Zeit-Erleben eine Einheit. Natürlich wußte die Urgemeinde, daß sie nach Jesus lebte. Aber sie feierte dennoch seine Mahle; sie »erinnerte« sie repräsentierend. Natürlich wußte die Urgemeinde auch, daß die Parusie Jesu noch ausstand; aber dennoch kam Jesus ihr beim Mahl entgegen; antizipierend »erinnerte« sie sein Kommen.

Konnte man das griechisch ausdrücken? Es leuchtet sofort ein, daß man hier nicht Wort für Wort übersetzen konnte. Man mußte vielmehr versuchen, das Ganze zu erfassen, um es dann (im neuen Sprach- und Vorstellungsbereich) als Ganzes neu zu formulieren. Das ist aber nicht in einem bewußten (und damit einmaligen) Übersetzungsvorgang geschehen, sondern in einem längeren Prozeß. Wir können daher jetzt auch nicht zuerst einen Überblick über die im Hellenismus vorhandenen Mahlvorstellungen geben, sondern müssen versuchen, uns einige Etappen des

Übersetzungsprozesses zu verdeutlichen, um im Zusammenhang damit die neuen Ausdrucksformen zu erkennen.

Das Judentum der Diaspora (also das nicht in Palästina lebende Judentum) beherrschte zur Zeit Jesu nur noch in ganz wenigen Ausnahmefällen das Hebräische bzw. Aramäische. Es sprach griechisch. In Antiochien, wo sich (soweit wir sehen können) die erste außerpalästinensische christliche Gemeinde bildete, ist sehr wahrscheinlich die von Paulus überlieferte Abendmahlstradition formuliert worden. In ihr zeigt sich ja neben den ursprünglich jüdischen Motiven (die Notiz: nach dem Essen; die Beziehung des kreisenden Kelches auf den Bund) auch das griechisch-hellenistische Motiv, auf das ich schon hinwies (die Beziehung des herumgereichten, gebrochenen Brotes auf den Leib Christi). – Die nächste Stufe können wir dann bei Markus feststellen. Die Wendung »nach dem Essen« fehlt. Damit rückt das beim Brotbrechen mit dem über dem Kelch gesprochenen Wort zusammen. Offensichtlich ist das beabsichtigt. Aufschlußreich ist nun aber die völlige Umgestaltung des Kelchwortes. Bei Markus lautet es: »Dies ist mein Blut des Bundes, das vergossen ist für viele.« Hier ist vom Kelch*inhalt* die Rede, und damit wird ein ganz anderes Mahlverständnis deutlich. Beim palästinensischen Abendmahl charakterisierten ja die Worte über Brot und Kelch die *gesamte* Mahlzeit. An diesen beiden Stellen war es üblich, den Sinn des ganzen Mahles auszusagen. Jetzt aber werden diese Worte auf die Einzelhandlungen bezogen und beziehen sich auf Brot und Wein. Die Speise wird genossen als Leib und Blut Christi. Diese entscheidende Umgestaltung des Abendmahles hängt mit griechisch-hellenistischen Vorstellungen zusammen. Die Mitteilung des »Göttlichen« an Menschen ist hier immer stofflich gedacht. Selbst »Geist« ist nach hellenistischer Vorstellung feinste Stofflichkeit. Wenn man nun im griechischen Raum das Abendmahl feiert, dann kommt Christus in der heiligen Speise, im Brot und Wein, zu den Seinen. Eine Mahlzeit zwischen Brot- und Weingenuß hat keinen Sinn mehr. Sie fällt dementsprechend aus. Da man später aber noch davon wußte, daß die Gemeinde früher ein vollständiges Mahl gehalten hat, bilden sich an manchen Orten *neben* dem sakramentalen Abendmahl sogenannte Agapen, Liebesmahle, die reine Gemeinschaftsmahle sind.

Das Abendmahl ist also übersetzt worden. Die Frage, die abschließend zu stellen wäre, lautet: Ist die Übersetzung gelungen? Machen wir uns dazu folgendes klar: Ohne Übersetzung hätte man im griechischen Raum das Abendmahl überhaupt nicht feiern können. Übersetzung war nötig.

Was aber war zu übersetzen? Wenn man darauf antworten würde: ein Mahl, dann wäre die Antwort unzureichend, weil es ja nicht darum gehen konnte, eine jüdische Sitte bei den griechischen Christen heimisch zu machen. Das wäre auch nur möglich gewesen, wenn man gleichzeitig den Griechen das jüdische Zeit-Erleben vermittelt hätte. Dann hätten im Grunde nur Juden Christen werden können. Wenn man indessen sagt, es war das durch das Mahl Vermittelte zu übersetzen, das in Jesus angebrochene Heil, das im Mahl »erinnert« wurde, dann darf die Übersetzung als einigermaßen gelungen bezeichnet werden, denn ein Grieche konnte die Vermittlung des Heils nicht geschichtlich, sondern nur stofflich, und das heißt durch die Speise denken und erfahren.

Freilich ist dann auch auf die Grenze dieser (wie jeder) Übersetzung hinzuweisen. Sie kann und darf nicht an die Stelle des Originals treten. Das ist aber leider allzuoft geschehen. Die Auseinandersetzungen über das Abendmahl in der Kirchengeschichte bis heute haben nicht selten gerade darin ihren Grund, daß man das Original gar nicht in die Überlegungen einbezog. So wenig wie man bei der ersten Übersetzung sich am jüdischen Mahl orientieren durfte, sondern das durch das Mahl zu Vermittelnde zu übersetzen hatte, so wenig darf man sich später an den dem Hellenisten vertrauten stofflichen Vorstellungen orientieren, an der heiligen Speise – sondern eine echte Übersetzung muß auch hier das im Blick behalten, was vermittelt werden soll. War der Träger der Vermittlung schon in neutestamentlicher Zeit auswechselbar, ist nicht einzusehen, warum er das später nicht auch sein darf.

Durchschaut man diesen ersten Übersetzungsprozeß, dann kann das wohl eine Hilfe sein für unser Übersetzen, das wir immer neu – auch beim Abendmahl – zu vollziehen haben.

5. Die sogenannten Heils-Ereignisse zwischen Karfreitag und Pfingsten

Die Diskussion über die Frage, ob die Auferweckung Jesu ein Ereignis war, hat bis heute zu keinem Konsensus geführt. Wahrscheinlich liegt das vor allem daran, daß ungeklärt ist, was man unter einem Ereignis versteht. Diejenigen, die darauf bestehen, hier von einem Ereignis zu reden, befürchten im allgemeinen, daß anderenfalls die »Wirklichkeit« der geschehenen Auferweckung verlorenginge. Ist das aber der Fall? Wie hängen Ereignis und Wirklichkeit zusammen? Versuchen wir eine Präzisierung.

I.
Die Behauptung, daß sich nach Karfreitag wirklich Ereignisse zugetragen haben, wird nirgendwo auf Widerstand stoßen. Das ist selbst dann nicht der Fall, wenn sich das Geschehen in Einzelheiten nicht immer mit letzter Sicherheit rekonstruieren läßt. Mit im ganzen ausreichender Deutlichkeit kann man ermitteln und darstellen: Menschen, deren Hoffnungen und Erwartungen angesichts des Kreuzes zusammengebrochen waren, fanden sich schon bald danach in großer Zuversicht neu zusammen, wirkten, verkündigten, bildeten Gemeinden. Hier kann man in dem Sinne von Ereignissen reden, daß als Geschehen dargestellt wird, was an einer geschehenen Wirklichkeit *ablesbar* war.
Nun behaupten jedoch eben diese Menschen, daß diese Ereignisse nicht ihrer eigenen Initiative entsprangen. Sie behaupten nämlich die Priorität eines »extra nos« (außerhalb unser selbst). Das extra nos bezeichnen sie als Erscheinungen. Will man diese Erscheinungen jetzt Ereignisse nennen, kann man das doch nur in einem anderen Sinne tun. Einem neutralen Beobachter waren diese Erscheinungen nicht zugänglich; und das Neue Testament macht unmißverständlich deutlich, daß anderen als solchen, die (neu) zum Glauben kamen, Erscheinungen nicht widerfuhren. Das extra nos ist also immer nur zusammen mit einem pro nobis

(für uns) aussagbar. Nur wer in der Betroffenheit des pro nobis stand, erfuhr die Wirklichkeit des extra nos. Die Wirklichkeit des extra nos war eben *nicht ablesbar*, sie konnte lediglich als Behauptung anderen mitgeteilt werden.

Freilich wurde das Behauptete dann sehr bald in eine Darstellung hineingeführt. Anfangs hören wir nur von einem bloßen Gesehen-Haben (1 Kor 15,3 ff.). In den Evangelien-Schlüssen dagegen begegnen uns später anschauliche Darstellungen der Erscheinungen. Die im pro nobis erfahrene (und nur dort erfahrbare) Wirklichkeit des extra nos wird nun als Ereignis *dargestellt*. Dadurch entsteht jetzt der Eindruck, es handle sich um Ereignisse, deren Wirklichkeit ablesbar ist. So ergibt sich nun die scheinbare Möglichkeit, daß auch Unbetroffene (Nicht-Glaubende) sozusagen am pro nobis vorbei Zugang zu diesen Ereignissen haben. Weil diese jetzt ablesbar sind, wird leicht übersehen, daß sie erst durch die Darstellung als Ereignis ablesbar gemacht wurden. Was ursprünglich nur für die ersten Glaubenden Wirklichkeit war, wird nun scheinbar für jedermann Wirklichkeit.

Jetzt sind aber diese ersten Glaubenden noch einen Schritt weitergegangen. Sie haben nicht nur ihr Handeln, das als Ereignis ablesbar war, als durch ein Sehen Jesu ausgelöst behauptet, sondern sie haben darüber hinaus auch noch angegeben, wie ihrer Meinung nach das Widerfahrnis des Sehens überhaupt möglich wurde. Als Grund gaben sie an: die Auferweckung Jesu durch Gott. Wie sie dazu kamen, kann hier unerörtert bleiben. Unbestreitbar ist jedoch, daß sie bei diesem als ihrem Sehen vorausliegend behaupteten Tun Gottes nicht dabei waren. Das haben sie selbst auch nie behauptet. Will man dieses Tun Gottes noch Ereignis nennen, kann man das doch nur, wenn man diesen Begriff noch einmal anders versteht. Waren schon die Erscheinungen Dritten nicht zugänglich und wurden sie das nur scheinbar dadurch, daß man sie als geschehene Ereignisse *darstellte*, dann ist doch nun die Auferweckung Jesu durch Gott als ein Ereignis, das die Erscheinungen ermöglichte, nicht einmal mehr den Zeugen der Erscheinungen selbst zugänglich gewesen. Muß es nicht aber zu Mißverständnissen führen, wenn man etwas, was auch den frühesten Zeugen nicht zugänglich war, wieder Ereignis nennt? Nicht einmal im Neuen Testament wird das jemals als ein Geschehen dargestellt. Das geschieht erst in der Mitte des 2. Jahrhunderts im sogenannten Petrusevangelium. Hier wird dargestellt, wie Soldaten der Grabeswache den Himmel geöffnet sehen, wie zwei Männer herabkommen, der Stein von selbst vom Grab weggerollt, die beiden Männer ins Grab gehen, dann ein wenig später drei Männer aus dem Grabe herauskommen, wobei zwei den anderen stützen; das Haupt der beiden reicht bis zum Himmel, das des Mannes in der Mitte überragt den Himmel. Hier ist also ganz deutlich: Die Auferweckung Jesu wird als ablesbares Ereignis dargestellt. Das ist im Neuen Testament nie der Fall (auch nicht Mt 28, wenn auch unverkennbar ist, daß der Verfasser des Petrusevangeliums die nur von Matthäus überlieferte – aus apologetischen Gründen konstruierte – Tradition von den Grabeswächtern benutzt hat).

Wenn dann also für das Neue Testament die Auferweckung Jesu in diesem Sinne kein Ereignis ist, wäre es dennoch voreilig zu sagen, sie sei darum keine Wirklichkeit mehr. Es muß nur deutlich bleiben, *wem* sie Wirklichkeit ist: immer nur Betroffenen. Die »Subjektivität« dieser Wirklichkeit darf man nicht aufweichen oder umgehen wollen. Es ist ja verständlich, wenn man sagt: Daß Jesus auferweckt worden ist, ist nicht durch meinen Glauben geschehen; das ist vielmehr eine Wirklichkeit, die meinem Glauben vorausgeht; es geht hier wirklich um ein extra nos. Wenn man gerade das mit Nachdruck betonen will, muß man gleichwohl sehen: Dieses extra nos ist immer nur im pro nobis eine erfahrbare Wirklichkeit.

Ich befürchte, daß man beim Insistieren auf dem Ereignis-Charakter der Auferweckung Jesu etwas über das extra nos unabhängig vom pro nobis aussagen möchte. Und wenn man das vielleicht auch selbst nicht will, dann leistet man doch mindestens dem Mißverständnis Vorschub, daß das möglich sei. Das aber wäre ein gefährlicher Irrtum. Nur in existentieller Betroffenheit vom mich anredenden lebendigen Herrn (nicht aber vorher und nicht außerhalb dieser Betroffenheit) ist es sinnvoll, sich darüber zu unterhalten, wie die Begegnung mit Jesus damals möglich war und heute möglich ist. Daß die heutige Begegnung ein Ereignis ist, wird kein Betroffener bestreiten. Er wird es vielmehr stets behaupten – als Bekenntnis. Aber mit einem Bekenntnis zum extra nos kann man doch nicht Inhalte des extra nos als Ereignisse »setzen«. Die Auferweckung Jesu sollte man darum wegen der dann nahezu unvermeidlichen Mißverständlichkeit lieber nicht Ereignis nennen.

II.

Wie steht es nun aber mit der Himmelfahrt Jesu, oder genauer: mit der Aufnahme Jesu in den Himmel? Haben wir es hier mit einem Ereignis zu tun? Das scheint doch noch problematischer. Wenn Auferweckung Jesu heißt, daß der gekreuzigte Jesus von Gott zu *neuem* Leben erweckt (nicht also: wieder-erweckt) wurde, dann ist man ja nicht gezwungen, den Ort anzugeben, wo Jesus (jetzt) lebt, auch nicht die Art, wie er (jetzt) lebt. Man hat viele Ausdrucksmöglichkeiten, das zu umschreiben, wobei eine der häufigsten wohl die ist, daß er »im Geist« (in den Geist hinein) lebendig gemacht wurde und dann eben »im Geist« gegenwärtig ist. Die Aussage von der Aufnahme Jesu in den Himmel ist nun aber an diesem Punkt völlig eindeutig, dadurch jedoch gerade – irritierend. Im alten Weltbild konnte man sich vorstellen: Der Himmel ist oben; und eben dort ist Jesus nun. Aufnahme in den Himmel war also konkrete »Ortsveränderung« von unten nach oben. Im Unterschied zu allen neutestamentlichen Aussagen von der Auferweckung Jesu wird seine Aufnahme in den Himmel als an geschehener Wirklichkeit *ablesbares* Ereignis dargestellt. Doch gerade diese Eindeutigkeit bietet die entscheidende Schwierigkeit. Unser Weltbild kennt in dem alten Sinne keinen Himmel mehr. Dieser (alte) Himmel ist ja aber nicht etwa inzwischen verschwunden, sondern den hat es (so) nie gegeben. Dann aber kann es die Himmelfahrt als Geschehen auch damals nicht gegeben haben – und das, obwohl sie als Geschehen dargestellt wird.

Wer jetzt bei der Himmelfahrt das Reden von einem geschehenen Ereignis aufgibt, weil es doch einfach nicht zu halten ist, muß sich fragen lassen, ob er nicht inkonsequent ist, wenn er am Ereignis-Charakter der Auferstehung Jesu festhalten will, weil er meint, nur so die Wirklichkeit des mit der Auferweckung Gemeinten festhalten zu können. Oder soll mit der Preisgabe des Ereignis-Charakters der Himmelfahrt auch die Wirklichkeit des mit ihr Gemeinten aufgegeben werden? Das will man doch ganz offenbar nicht. Wer dann aber meint, Aussagen verlieren ihren entscheidenden Sinn, wenn man sie nicht mehr als Aussagen von Ereignissen versteht, dem bleibt wohl kaum etwas übrig, als die Himmelfahrt ersatzlos zu streichen. Die mythische Aussage kann dann nicht mehr interpretiert, sie muß eliminiert werden. Nur, warum ist das dann bei der Aussage von der Auferweckung Jesu anders? Ihr Geschehen-Sein als dargestelltes Ereignis ist im Neuen Testament viel schlechter bezeugt (nämlich nie) als das Geschehen-Sein der Himmelfahrt.

Diese ist wenigstens einmal ablesbar bezeugt (Apg 1,9; in einigen, allerdings späten Handschriften auch Lk 24,51). Nun entsteht jedoch sofort eine Frage: Warum schweigen außer Lukas alle neutestamentlichen Schriften von der Himmelfahrt? Markus bricht (im ursprünglichen Text) mit 16,8 ab. Hier könnte man immerhin argumentieren, daß seine Darstellung eben nicht bis zur Himmelfahrt führt. Der Matthäus-Schluß

(28,16–20) provoziert doch aber geradezu die Frage, wo der Auferstandene denn nun »bleibt«. Auch das Johannes-Evangelium läßt (selbst im Nachtragskapitel 21) diese Frage unbeantwortet. Paulus überliefert 1 Kor 15,3 ff. eine Liste von Erscheinungszeugen, an die er V. 8 sein eigenes Erlebnis einer Erscheinung anfügt. Diese geschah ohne Zweifel in erheblichem zeitlichen Abstand von den anderen. Von einer inzwischen erfolgten Himmelfahrt Jesu erfahren wir hier nichts, aber auch sonst nichts beim Apostel, obwohl er durchaus die Vorstellung kennt, daß der präexistente Gottessohn sich selbst entäußerte, auf die Erde kam, Gehorsam übte bis zum Kreuz und auf Grund dieses Gehorsams von Gott erhöht wurde (Phil 2,5–11). In diesem Zusammenhang ist dann aber gar nicht von der Auferweckung Jesu die Rede. Wenn man auf die sonstigen paulinischen Aussagen blickt, kann man natürlich sagen, die Auferweckung Jesu sei hier mitzudenken. Für Paulus könnte das vielleicht zutreffen. Es gilt aber zu beachten, daß der Apostel an dieser Stelle einen urchristlichen Hymnus zitiert, also gar nicht selbst formuliert. Im *Hymnus* »fehlt« daher wirklich die Auferweckung, wie sie z. B. auch im Hebräerbrief (geschrieben kurz vor 100) »fehlt«, der aber Jesu Erhöhung anschaubar darstellt (4,14; 8,1 u. ö.). Das wirft zumindest die Frage auf, ob man in der Urchristenheit u. U. gleichsam wahlweise von der Auferweckung oder der Erhöhung (bzw. Himmelfahrt) reden konnte und ob überhaupt erst dadurch ein Problem entstand, daß man beide Aussagen einander zuordnete, sie dabei in eine zeitliche Reihenfolge zu bringen versuchte, wie es am prägnantesten dann etwa im sogenannten Apostolischen Glaubensbekenntnis geschieht, das im 2. Artikel nacheinander nennt: ... gestorben, begraben, niedergefahren ins Totenreich, auferstanden, aufgenommen in den Himmel, sitzend zur Rechten Gottes... – Dann aber weitet sich unsere Frage plötzlich aus: Bezeichnen alle Angaben, die dem »begraben« folgen, einen Ablauf von Ereignissen? Die Verfasser des Apostolikums haben es wahrscheinlich so verstanden. Doch woher wissen sie das?

Der Aussage von der Aufnahme in den Himmel entspricht, weil auch eindeutig am alten Weltbild orientiert, die Aussage, daß der begrabene Jesus ins Totenreich hinabgestiegen ist. In welchem Sinne war das ein Ereignis? Oder war es das gar nicht? Bemerkenswert ist, daß auch diese Angabe im Neuen Testament singulär ist. In den Evangelien begegnet sie nicht, nicht einmal bei Lukas, der doch offensichtlich an einer Darstellung von Geschehensabläufen zwischen Karfreitag und Pfingsten interessiert ist. Ausschließlich der 1. Petrusbrief (geschrieben Ende des

1. Jahrhunderts) erzählt davon (3,19 ff. 4,6), tut es jedoch sehr eigentümlich: »Getötet nach dem Fleisch, lebendig gemacht nach dem Geist«, ist Christus »in ihm« (nämlich: im Geist) hinabgegangen, um den Geistern im Gefängnis zu predigen (3,18 f.). Fragt man hier nach der Abfolge der »Ereignisse«, liegt die »Auferweckung« (1 Petr 3,18: lebendig gemacht nach dem Geist) eindeutig vor dem Hinabstieg ins Totenreich, also genau anders als im Apostolikum. Darf man aber so fragen?

Wenn man am Ereignischarakter (und damit an einem Geschehen, das doch immer einen Ablauf impliziert) interessiert ist, muß man das wohl, gerät doch aber alsbald in den Bereich seltsamer Spekulationen. Denn wenn Jesus erst »am dritten Tage« auferstanden ist, *nachdem* er im Totenreich war, dann muß er ja bereits vor seiner Auferweckung lebendig gemacht worden sein, da er als Toter schwerlich den Geistern im Gefängnis predigen konnte. Und der Verfasser des Petrusevangeliums muß sich darüber sogar Gedanken gemacht haben, denn in seiner Darstellung hören die Soldaten, die die drei Männer aus dem Grab kommen sehen, aus dem Himmel eine Stimme: »Hast du den Entschlafenen gepredigt?«, die mit »Ja« beantwortet wird.

Läßt man sich aber erst einmal auf solche Spekulationen ein, stößt man alsbald auf weitere Spannungen, die, bleibt man auf Ereignis-Abläufe fixiert, nur durch neue Spekulationen »ausgeglichen« werden können. Ich nenne einige. Vom lukanischen Doppelwerk her sind wir es gewohnt, zwischen Ostern und Himmelfahrt 40 Tage, zwischen Himmelfahrt und Pfingsten weitere 10 Tage anzunehmen. Das Johannesevangelium zeichnet ein überraschend anderes Bild. Am Auferstehungstag (20,19!) erscheint Jesus den Jüngern hinter verschlossenen Türen, erweist sich ihnen als Lebendiger; und dann erfolgt zugleich mit dem Sendungsauftrag die Geistverleihung. Hier fallen also Ostern und Pfingsten auf einen Tag. – Von der lukanischen Pfingstgeschichte aus betrachtet, ist dann aber weiter der Matthäus-Schluß seltsam. Der Missionsbefehl erfolgt nicht 50 Tage nach der Auferstehung in Jerusalem, sondern (wenn auch ohne genaue Zeitangabe) sehr viel früher in Galiläa, und auf jeden Fall vor einer Himmelfahrt, von der überhaupt keine Rede ist. – Das Nachtragskapitel des Johannesevangeliums wiederum zeigt uns die Jünger bei ihrer altgewohnten Arbeit in Galiläa (21,2–3), obwohl sie doch in Jerusalem den Sendungsauftrag bekommen hatten (20,21). – Es dürfte deutlich sein, daß es unmöglich ist, auf diese Weise aus dem Neuen Testament einen Ablauf von Ereignissen rekonstruieren zu wollen. Wer so vorgeht, gerät unweigerlich auf Abwege, weil kein Ergebnis einer wirklichen Überprüfung an den Texten standhält. Doch wie ist denn eigentlich dieses »Durcheinander« entstanden?

Man muß das ganz klar sehen: Unsere an Ereignissen und Ereignisabläufen orientierte Fragestellung hat dieses Durcheinander erst *geschaffen*. Und sie hat es dadurch geschaffen, daß Angaben, die hier und dort in einzelnen neutestamentlichen Schriften in sehr unterschiedlichen Zusammenhängen begegnen, in das Schema eines Ereignis-Ablaufs gepreßt worden sind. Man muß sich nur klar darüber sein: Es handelt sich um *unsere* Fragestellung. Wer eigensinnig bei ihr verharrt, bekommt keine Antwort, die irgendwie überzeugt. Wir sollten daher konsequent sein und sie aufgeben.

Wie soll man dann aber die einzelnen urchristlichen Überlieferungen befragen, und zwar so befragen, daß man *alle* Aussagen sinnvoll aufeinander beziehen kann?

III.

Ich gehe, um das zu zeigen, noch einmal von einer früher getroffenen Feststellung aus. Ich sagte, daß Auferweckung Jesu nicht eigentlich (wie Himmelfahrt) eine »Ortsveränderung« ist, sondern die Aussage eines Lebendig-gemacht-Werdens Jesu in den Geist hinein. Das ist 1 Petr 3,18 in einer knappen Bekenntnisformel ausgedrückt, die (wie eine Textanalyse zeigt) sehr alt ist und vom Verfasser des 1. Petrusbriefes zitiert wird. Die Auferweckung Jesu in den Geist hinein drückt extra nos aus, was im pro nobis erfahren worden ist, nur in dieser Betroffenheit erfahrbar war. Das heißt jedoch: Für das früheste Urchristentum charakteristisch war die Erfahrung des Geistbesitzes. Die wurde aber nicht in einem zeitlichen Abstand von der Erfahrung gewonnen, daß der Gekreuzigte lebt, so daß zu der einen Erfahrung eine weitere hinzukam, sondern sachlich bilden »Ostern« und »Pfingsten« eine unlösbare Einheit: Nur das mit »Pfingsten« Erfahrene machte die Osteraussagen überhaupt möglich. Eben diesen Sachverhalt drückt Joh 20,19–23 in darstellender Veranschaulichung aus.

Das mit »Pfingsten« Erfahrene machte nun aber eine Osteraussage nicht nur als Aussage von der Auferweckung Jesu möglich, sondern ebenso als Aussage von der Erhöhung Jesu und (wie ja 1 Petr 3,18 f. ganz deutlich zeigt) die Aussage von Jesu Niederfahrt ins Totenreich. Die Erhöhung ist daher auch nicht etwas, was zur Auferweckung noch hinzukommt, sondern hier wird dieselbe Wirklichkeit nur mit Hilfe anderer Vorstellungen ausgedrückt. Dieselbe Wirklichkeit konnte man dann noch einmal anders formulieren, wenn man von Jesu Niederfahrt ins Totenreich sprach. Um was für eine Wirklichkeit aber handelt es sich hier?

Es ist die Wirklichkeit der Betroffenheit durch einen Herrn, dem alle Gewalt gegeben ist im Himmel und auf Erden (Mt 28,18), der lebendig ist in alle Ewigkeit und den Schlüssel zu Tod und Totenreich hat (Offb 1,18), der, weil er aufgefahren ist, auch hinuntergefahren ist an die untersten Orte der Erde (Eph 4,9), der die Himmel durchschritten hat (Hebr 4,14) und der zur Rechten des Thrones der Majestät im Himmel sitzt (Hebr 8,1). In der Wirklichkeit der Betroffenheit durch einen Herrn, der in den Geist hinein lebendig gemacht wurde, können »in« diesem Geist alle diese Aussagen als Aussagen von Wirklichkeit gemacht werden, kann diese Wirklichkeit dann auch in Form von »Ereignissen« dargestellt werden. Aber die Möglichkeit ihrer Darstellung als Ereignisse macht doch nicht die Inhalte der Aussagen zu Ereignissen. Wären sie das, müßte man peinlich darauf achten, daß immer alle Ereignisse genannt werden, weil das Fehlen auch nur eines Ereignisses das Ganze defekt machen würde. Damit wäre aber gerade der Charakter der Aussagen verkannt. Sie ergänzen sich zwar; und insofern sie die Wirklichkeit des extra nos des *einen* Glaubens in verschiedene Hinsichten hinein entfalten, können sie auch später in noch weitere Hinsichten hinein entfaltet werden. Das darf allerdings nie zu dem Mißverständnis führen, daß erst die Addition das Ganze ergibt. Der Entfaltungsprozeß ist, weil prinzipiell unabschließbar, bis heute nicht abgeschlossen.

Zugleich ist es jedoch möglich, kann es manchmal sogar nötig sein, auf die Wiederholung früherer Entfaltungen zu verzichten. An ihrem Ort, zu ihrer Zeit waren die Aussagen verständlich; und für den, der geschichtlich zu denken vermag, bleiben sie verständlich als *früheres* Bekenntnis, das wir heute jedoch nur noch durch Interpretation nachzusprechen und nachvollziehen vermögen. Frühere Bekenntnisse sprechen eben nicht unsere Sprache. Gerade deswegen können wir die hinter den Aussagen liegende Wirklichkeit häufig so nicht mehr ausdrükken, wenn wir in unserer Zeit verstanden werden wollen. Dann aber geht nicht die Wirklichkeit verloren, sondern im Gegenteil: Ihre Formulierung in uns verstehbarer Sprache verhindert gerade einen Verlust, der beim bloßen Nachsprechen alter Wendungen gar zu leicht eintritt.

Der verbreitete Eindruck, daß man erst durch Addition das Ganze habe, ist durch Lukas zumindest vorbereitet worden, indem er zwischen das in seinem Evangelium als Ablauf dargestellte Leben Jesu einerseits und die in der Apostelgeschichte dargestellte Zeit der frühen Kirche anderseits das, was früher Bekenntnisaussagen waren, als Abfolge von Ereignissen einfügte. Nun sieht es so aus, daß Jesus zuerst auferstanden, dann 40 Tage lang hier und dort »erschienen« ist, schließlich in den Himmel aufgehoben wurde, von wo dann zu Pfingsten der Geist auf die Kirche kam und – erst von jetzt an – bei ihr war. Auf diese Weise entstand zwischen Ostern und Pfingsten eine eigentümliche »Geist-lose« Zwischenzeit. Daß und wie das mit einer gerade Lukas kennzeichnenden theologischen Konzeption zu tun hat, kann ich hier nicht näher ausführen. Ganz offenkundig ist jedenfalls, daß dadurch Weichen für die spätere Dogmen- und Theologiegeschichte gestellt wurden, denn letzten Endes verdanken wir Lukas unser Kirchenjahr. Gerade darum aber muß deutlich bleiben, daß die einzelnen »Feste« mißverstanden sind, wenn man in ihnen den Ausdruck isolierbarer oder gar sich steigernder »heilsgeschichtlicher Ereignisse« sieht. Vielmehr will jedes Fest das Ganze aussagen, wenn auch eben in verschiedenen Hinsichten.

Wenigstens mittelbar kommt das selbst noch im Apostolicum zum Ausdruck, denn die oben genannten Einzelaussagen des 2. Artikels stehen alle in Relativsätzen, von denen jeder für sich bezogen ist auf den, dem das Bekenntnis gilt: Jesus Christus. Es will also genau beachtet sein, daß das Apostolicum nicht den Glauben *an* die Niederfahrt ins Totenreich bekennt, nicht *an* die Auferstehung, *an* die Himmelfahrt, sondern an Jesus Christus, *der* (niedergefahren) Herr des Totenreiches ist, *der* (auferstanden) als der Lebendige lebt, *der* (aufgefahren in den Himmel) in Gottes Macht herrscht. Wo *Er* bekannt wird, da drücken die Relativsätze auf je ihre Weise die *eine* Wirklichkeit aus. Von dieser Wirklichkeit kann nie anders als im Vollzuge des Bekennens geredet werden. Wer aber bekennt, »weiß« von der Wirklichkeit des vielfältig formulierten extra nos.

IV.

Freilich darf eine letzte Bemerkung nicht unterdrückt werden, wenn jetzt nicht ein noch ganz anderes Mißverständnis herauskommen soll. Dieser Herr über alle Herren, dessen Herrschaft die Kirche und der Christ in ihrem Leben und Wirken konkret gestalten, ist niemand anders als Jesus von Nazareth. Wird das übersehen, könnte leicht eine theologia gloriae herauskommen. Dann wird zwar eine Herrlichkeit eines Herrn proklamiert, die die Kirche und den Christen auch »herrlich« macht; nur wäre das nicht mehr die Herrlichkeit Jesu, denn die besteht gerade darin, daß er dient, in diesem Dienst das Leben riskiert und schließlich deswegen umgebracht wird. Ohne dieses Risiko mag vielleicht das isolierte Bekenntnis zu einem in den Himmel Erhobenen zu haben sein. Das wäre aber nicht mehr das Bekenntnis zu dem in den Himmel aufgenommenen Gekreuzigten.

6. Die Heilsbedeutung des Kreuzes – der Kreuzesweg der Nachfolge

Ohne sich einer unerlaubten Vereinfachung schuldig zu machen, kann man wohl sagen, daß das Kreuz *das* Symbol des Christentums ist. Dennoch muß man sofort hinzufügen, daß Christen an kaum einer Stelle so sehr in Verlegenheit geraten wie gerade am Kreuz. Das gilt selbst angesichts der gerade im letzten Jahrzehnt wieder einmal heftig entbrannten Diskussion über die Auferstehung Jesu. Wer mit ihr nicht fertig wird und wem eine sachgemäße Interpretation der neutestamentlichen Aussagen über die Auferstehung Jesu nicht gelingt, kann sie zur Not bestreiten, sie vielleicht sogar wegdisputieren. Ich halte das zwar für eine sehr schlechte Lösung des Problems. Wer aber keine findet, kann immer noch versuchen, ein »Christentum« an der Auferstehung Jesu vorbei zu »retten«. Die (mindestens für ein verbreitetes Allgemeinbewußtsein) entscheidenden christlichen »Ideen«, in erster Linie natürlich die Nächstenliebe, werden dadurch scheinbar nicht tangiert.

Mit dem Kreuz ist das anders. Zunächst einmal kann niemand bestreiten, daß Jesus am Kreuz hingerichtet worden ist. Wenn das auch vielleicht ärgerlich ist, muß das darum noch nicht unbedingt ein Ärgernis sein. Denn auch daran kann man sich in gewisser Weise vorbeidrükken, etwa indem man die persönliche Niederlage des Mannes aus Nazareth als Martyrium versteht. Das qualifiziert ihn dann doch gerade und mit ihm zusammen die von ihm vertretenen Ideen. Mit einer Sache, die man sich im Ernstfall nichts kosten lassen will, ist es ja immer irgendwie verdächtig – mindestens für den, der sie mit einem erheblichen Anspruch in die Welt gebracht und anderen zugemutet hat, sich auch dafür einzusetzen. Ist er jedoch selbst dazu bereit, und nun gar bis zur äußersten Konsequenz, ist man eher geneigt, sich diese Sache einmal anzusehen. Kein Zweifel, daß man Jesu Tod gelegentlich so verstanden hat, dann vom heldischen Christus sprach und vom aristokratischen Geist, der in den christlichen Ideen liegt.

Nur warum stellt man das Kreuz dann auf die Altäre? Warum zeichnet man das Antlitz des Gekreuzigten in tiefem Leid, verzerrt von Schmerz? Heldisch wirkt das doch keineswegs. Vor allem aber: Der Tod eines Märtyrers kann doch niemals seinen Sinn im Tode selbst haben. Genau das scheint aber irgendwie gemeint zu sein, wenn das Kreuz Symbol des Christentums ist. Irgendwie kommt hier doch zum Ausdruck, daß dieser Tod selbst einen Sinn hat. Er ist mindestens mehr, vielleicht sogar etwas ganz anderes als *nur* eine Konsequenz, die der Urheber der Botschaft für eben diese Botschaft auf sich genommen hat. Das Kreuz ist gerade *Inhalt* der Botschaft; und das womöglich in doppelter Weise: einmal als Sterben Jesu selbst; dann aber auch als Sterben derer, die ihm nachfolgen, denn es gehört doch auch das zum (wenn auch oft verdrängten) Allgemeinbewußtsein, daß Christen auf dem Kreuzeswege sind. Ob allerdings Kreuze als Broschen, Anhänger und Abzeichen, gelegentlich sogar als Zeichen besonderer Amtswürde das noch ausdrücken, scheint fraglich. Das Urbild des Kreuzes wurde jedenfalls nicht auf der Brust, sondern auf dem Rücken getragen; und wir müßten, wenn wir das damals Gemeinte wirklich treffen wollten, einen Galgen als christliches Symbol wählen. Wer möchte sich wohl damit schmücken? Und wie wäre es, wenn wir einmal ein alttestamentliches Wort, das Paulus den Galatern schreibt, ein wenig variieren? Paulus schreibt: »Verflucht ist, wer am Holz hängt« (Gal 3,13). Könnten wir sagen: Verflucht ist, wer sich das Kreuz umhängt? Paulus muß das so ähnlich gemeint haben. Den Korinthern schreibt er, daß das Kreuz den Griechen eine Dummheit und den Juden ein Skandal ist (1 Kor 1,23) und daß *er* das Sterben des Herrn Jesus an seinem Leibe trägt (2 Kor 4,10). Er ist dadurch um Christi willen ein Narr geworden und zu einem »Theater« vor aller Welt (1 Kor 4,10).
Nein wirklich: Das Kreuz ist nicht nur so ein bißchen ärgerlich, es ist ein Ärgernis, weil es dem Leben ein Ende setzt und das sehr anders als auf die »ehrenhafte« Weise eines Martyriums. Darum stellt es immer wieder radikale Fragen, weil es selbst radikal in Frage stellt.

I.

In der frühen Urgemeinde hat man das gewußt. Der schimpfliche Verbrechertod Jesu am römischen Galgen kam für seine Anhänger überraschend und führte sie in Verzweiflung und Resignation. Kurze Zeit später jedoch hat sich bei denselben Menschen eine totale Wandlung vollzogen. Ich will nicht zu erklären versuchen, wie das geschah. Vielleicht kann man das gar nicht erklären. Jedenfalls begegnen ganz früh Aussagen über das Kreuz Jesu, die dem Sinnlosen, das vor Augen war, einen Sinn gaben, den man dem Geschehen auf Golgatha nicht ablesen konnte.

Wir kennen die Formulierungen. Sie ranken sich herum um die Worte »für uns«. Man kann das begriffs- und vorstellungsgeschichtlich erläutern, weil die benutzten Begriffe und Vorstellungen vorgegeben und also keine Erfindungen oder Neuschöpfungen der frühen Urgemeinde waren. Jesu Tod wurde ausgesagt als Sühnopfer (Röm 3,25: Gott hat Jesus Christus öffentlich herausgestellt, um im Glauben Sühne zu schaffen durch sein Blut) oder als stellvertretendes Opfer (2 Kor 5,14: Einer ist für alle gestorben). Damit wird gesagt, daß Jesus am Kreuz stellvertretend für die Menschen deren Sünde und Schuld als Strafe auf sich genommen, damit die Sühne (die Gott verlangen kann) erbracht hat. Das führt dann weiter zu dem Gedanken des Bundesopfers, der etwa in den Abendmahlstraditionen zum Ausdruck kommt (1 Kor 11,25: der neue Bund in Jesu Blut; Mk 14,24: Jesu Blut des Bundes). Durch dieses Opfer ist damit der neue Bund heraufgeführt, die mit Gott versöhnte Menschheit. – Zusammengefaßt läßt sich das so ausdrücken: Mit Hilfe vorgegebener, in der damaligen Umwelt bekannter juridischer und kultischer Vorstellungen wurde der rätselhafte, schmachvolle Verbrechertod Jesu als Heilsereignis ausgesagt. Das Kreuz, vor aller Augen eine Niederlage, wurde jetzt gerade und gegen den Augenschein als Sieg verkündet.

Was ich hier kurz vorgetragen habe, ist eine historische Exegese. Es bereitet keine Mühe, die zu verstehen, auch nicht aus großem Abstand. *So* hat die frühe Urgemeinde Jesu Kreuz verstanden, nicht bei der Kreuzigung selbst, aber schon ganz bald danach. Die Frage ist freilich, ob man mit dem, was man verstehen, auch heute noch etwas anfangen kann. Das bereitet offenbar Schwierigkeiten. Dabei muß man zwei Dinge auseinanderhalten, wenn man sie auch nicht völlig voneinander trennen kann: die *Tatsache* der Interpretation eines historischen Ereignisses und die *Inhalte*, mit deren Hilfe das historische Ereignis interpretiert wird.

Zunächst die *Tatsache* der Interpretation. Daß zwei Menschen, die dasselbe Ereignis erleben, es dennoch unterschiedlich verstehen, kommt tagtäglich vor; und *wie* jemand etwas versteht (oder auch verstehen will), ist letztlich eine Frage je eigener Entscheidung. Im Extremfall kann sie sogar völlig willkürlich geschehen. Dann kann man darüber jedoch überhaupt nicht mehr diskutieren. In den allermeisten Fällen geschieht die Entscheidung aber keineswegs willkürlich, sondern entspringt einer Beurteilung dieses Ereignisses in seinem geschichtlichen Kontext und in seiner Bedeutung für den Beurteiler. Das kann man unmittelbar an unserem Problem zeigen. Die jüdische Obrigkeit hat Jesu Hinrichtung natürlich auch interpretiert; und auch sie konnte hier sogar von einem Sieg reden: Der gefährliche Unruhestifter war endlich unschädlich gemacht worden. Die Inhalte dieser Interpretation wurden gewonnen durch Aufnahme der Eindrücke, die der lebendige Jesus auf die jüdische Obrigkeit gemacht hatte. Er hatte sie in höchstem Maße gestört; nun war diese Störung beseitigt. Vom Standpunkt dieser Oberen aus gesehen kann man diese Interpretation heute nicht nur verstehen, man kann ihr heute sogar zustimmen, wenn man das Wirken Jesu für gefährlich hält. Daraus folgt aber: Man darf sich nicht daran stoßen, *daß* die Urgemeinde Jesu Kreuz interpretiert hat, daß wir es hier mit Interpretamenten zu tun haben. Ohne jede Interpretation wäre das Kreuz als bloßes historisches Ereignis (ganz wörtlich) nichts-sagend.

Wohl aber empfinden wir Schwierigkeiten bezüglich der *Inhalte*, mit deren Hilfe man die Interpretation durchführte. Können wir mit ihnen überhaupt noch etwas anfangen? Man hat z. B. gesagt, hier liege eine sehr anstößige Gottesvorstellung vor. Was ist das für ein Gott, der eine so grausame Veranstaltung wie die Hinrichtung eines Unschuldigen (der dazu auch noch sein Sohn sein soll) benötigt, um Versöhnung zwischen sich und den Menschen (die doch schließlich seine Geschöpfe sind) eintreten lassen zu können? Man hat gesagt, daß all diese juridischen Vorstellungen einschließlich der Opfertheorien unsachgemäß sind, das Verhältnis zwischen Gott und Mensch zu bestimmen. Man hat gesagt, daß hier mythologische Vorstellungen vorliegen, darum eine Entmythologisierung durchzuführen sei. Wenn dadurch auch nicht der Mythos eliminiert, sondern (existential) interpretiert werden soll, dann läuft das ja aber dennoch darauf hinaus, daß in der interpretierten *Aussage* die mythischen Vorstellungen nicht mehr vorkommen. Wenn aber diese Vorstellungen eliminiert werden (wohlgemerkt: die Vorstellungen, nicht aber das mit ihrer Hilfe Ausgesagte), dann, so hat man behauptet, werde die Sache selbst preisgegeben, die sich eben nur mit diesen Vorstellungen ausdrücken lasse.

Wir wollen indes alle diese Einwände erst einmal ausklammern, da gerade der letzte zeigt, daß kaum ein schneller Konsensus darüber erreicht werden kann, womit wir heute noch etwas anfangen können und womit nicht. Hier scheinen die Meinungen erheblich auseinanderzugehen. Darum wenden wir uns zunächst einer Frage zu, die ein wenig vordergründiger ist: Woher hat die frühe Urgemeinde die Inhalte ihrer Interpretation genommen?

II.

Nun sagte ich schon, daß sie aus ihrem jüdischen Vorstellungsbereich stammen; und das kann ja ernsthaft von niemandem bestritten werden. Alle diese Vorstellungen sind nicht erst in dem Sinne am Kreuz Jesu entstanden, daß sie hier erstmalig auftauchen und formuliert wurden. Dennoch reicht diese richtige Antwort auf die Frage, woher die frühe Urgemeinde die Inhalte ihrer Interpretation genommen hat, nicht aus. Offen bleibt dabei ja immer noch, ob es sich lediglich um eine Verlegenheitslösung derer handelt, die angesichts des Todes Jesu in hilfloser Ratlosigkeit waren und nun unter Aufnahme ihnen geläufiger Vorstellungen zu einem trotzigen Dennoch kamen, um der Sinnlosigkeit doch noch einen Sinn abzugewinnen – oder aber, ob diese Inhalte vorbereitet waren im Kontext des Todes Jesu; und das heißt dann konkret, ob sie vorbereitet waren im Handeln und Leben Jesu selbst (so wie die Interpretation des Kreuzes durch die jüdische Obrigkeit ja auch vorbereitet war in freilich ihrem Verständnis vom Wirken Jesu).
Dieser Frage gehen wir jetzt einmal nach.
In einer sehr einfachen Form könnten die Dinge dann so liegen: Wenn z. B Jesu selbst seinen kommenden Tod als Sühnopfer, als stellvertretendes Opfer oder als Bundesopfer verstanden hat, dann mag uns heute diese Vorstellung fremd bleiben, dann mag sie heute manchem überhaupt nichts mehr bedeuten können. Das kann alles offen bleiben. Dennoch wird sofort verständlich, warum die früheste Urgemeinde Jesu Tod so verstand. Dieser Tod war dann ja in der Tat schon in den Augen Jesu keine Katastrophe, sondern ein geplantes Heilshandeln Gottes – wenn auch durch eine grausame Hinrichtung hindurch, deren Grausamkeit man allerdings nicht verharmlosen sollte. Die Interpretation des Kreuzes geschah dann jedenfalls nicht willkürlich. Das wäre lediglich der Fall, wenn das Leben und Wirken Jesu *nicht* auf diesen Tod ausgerichtet war. Nur dann könnte man von einer mehr oder weniger willkürlichen Interpretation des Todes als Heilsergebnis reden.
Da man das selbstverständlich nicht gern zugeben möchte, hat man sich immer wieder bemüht, Jesu eigenes Verständnis von seinem Tode als in Übereinstimmung mit der urgemeindlichen Interpretation des Kreu-

zes aufzuzeigen. Bei oberflächlicher Betrachtung hat es den Anschein, daß die Evangelien ein Recht dazu geben. Man weist in diesem Zusammenhang vor allem auf die Leidensankündigungen hin, die dreimal im Markusevangelium begegnen (8,31 ff.; 9,30 ff.; 10,32 ff.). Hier ist die Rede davon, daß der Menschensohn viel leiden muß, verworfen werden muß von Ältesten, Hohenpriestern und Schriftgelehrten, getötet werden muß und nach drei Tagen auferstehen wird. Diese Leidensankündigungen wirken dann auf das Verständnis des ganzen Evangeliums ein. Jetzt betont man die Züge, die Jesus in Niedrigkeit und in Demut zeichnen, man sieht ihn in Auseinandersetzungen mit Gegnern, mit anfänglichen Verfolgungen und versteht dann im Grunde nicht nur den letzten Abschnitt seines Weges (also nicht nur den Zug nach Jerusalem und Jesu Aufenthalt in der Stadt) als Passionsweg, sondern sein ganzes Leben wird als solcher bezeichnet. Denn beginnt nicht schon in der Krippe, in die der Sohn Gottes gelegt wird, seine Niedrigkeit? Phil 2,5 ff., der Christus-Hymnus, wird dann als Zusammenfassung des Weges Jesu verstanden: Wenngleich ursprünglich in göttlicher Gestalt, entäußerte er sich selbst, nahm Knechtsgestalt an, wurde gehorsam, ja gehorsam bis zum Tode am Kreuz. So gesehen, scheint alles zu stimmen. Man mag den Kopf darüber schütteln, daß Gott den Weg seines Sohnes planmäßig als Weg zum Galgen gestaltet, weil er nur so das Heil der Menschen bewirken kann. Und das mag dann sogar zur Folge haben, daß Menschen sagen, sie könnten mit diesem brutalen Gott nichts anfangen – man muß dennoch auf jeden Fall feststellen: Als die früheste Urgemeinde das Kreuz als Heilsereignis interpretierte, hat zumindest nicht *sie* Sinnlosigkeit in Sinn umgedeutet, sondern schon Jesus selbst sah in dem Kreuz den Sinn seines Lebens.

Nun ist freilich dieses Bild vom Wirken und Weg Jesu historisch nicht unbestritten. So ist z. B. die neutestamentliche Forschung heute nahezu einhellig der Meinung, daß die Evangelisten das Leben Jesu in der Rückschau zeichnen. Das heißt aber, daß das Wissen um den Ausgang bereits die Darstellung bestimmte. Die berühmte Formulierung Martin Kählers, der die Evangelien Passionsgeschichten mit ausführlicher Einleitung genannt hat, ist als literarisches Urteil (wenn auch mit gewissen Nuancierungen) fast durchweg anerkannt. Ist also der Weg Jesu in den Evangelien stilisiert und *insofern* keine historisch genaue Nachzeichnung, dann ist dennoch durchaus umstritten, was nun im einzelnen zur Stilisierung gehört und was als historisch zu gelten hat. Ich kann in diesen kurzen Ausführungen die Frage nicht in extenso erörtern, vor allem nicht alle Texte daraufhin untersuchen. Ich orientiere mich zunächst an den Leidensankündigungen.

Hier geht die Diskussion meist um folgende Frage: Handelt es sich bei ihnen um vaticinia ex eventu, das heißt um Vorhersagen, die erst nach Eintritt des Ereignisses entstanden sind? Trifft das zu, wäre aus dem Wissen der Urgemeinde um den Weg Jesu im nachhinein ein Vorauswissen Jesu um seinen Weg geworden. Er kündigte ihn dann selbst an, tat es sogar dreimal. Gegen eine solche Vermutung hat man jedoch auch immer wieder die historische Authentizität der Leidensankündigungen, mindestens aber einer, behauptet. Ich selbst bin zwar der Meinung, daß es sich um vaticinia ex eventu handelt; aber in unserem Zusammenhang will ich darauf nicht bestehen. Ich halte nämlich diese manchmal erbittert ausgetragene Kontroverse (historisch echt oder unecht?) in dem Augenblick für sachlich uninteressant, wo man das tut, was man eigentlich zuerst überhaupt einmal tun sollte, und was so banal klingt, daß ich es kaum auszusprechen wage: Man sollte sich doch einmal die Texte genau ansehen. Es ist da zwar die Rede davon, daß der Menschensohn leiden »muß«; und dieses »muß« drückt aus, daß es sich um den Willen Gottes handelt. Aber das, was die Verteidiger der historischen Echtheit dieser Texte fast immer aus ihnen herauslesen wollen, steht gerade nicht da. Es ist eben nicht davon die Rede, daß das Kreuz, das Jesus bevorsteht, ein Heilsereignis ist, das Jesus »für uns« auf sich nimmt, sondern es ist von einem Weg die Rede, den man mit einer gewissen Vorsicht Heils*weg* nennen kann, wenn man ihn unter dem »muß« Gottes versteht. In den Leidensankündigungen liegt also das Heil nicht am *Ende* des Weges Jesu, sondern es liegt *auf* dem Wege selbst.

III.

Dann stellt sich uns die Frage jetzt aber so: In welchem Verhältnis steht der Weg Jesu zum Abschluß dieses Weges? Um deutlicher zu machen, worum es geht, formuliere ich die Frage ein wenig anders: Bekommt der Weg Jesu seinen Sinn überhaupt erst durch das Kreuz? Oder aber hat er schon in sich selbst Sinn?

Natürlich kann man – historisch – nicht davon absehen, daß Jesu Weg am Kreuz endete. Zugleich wird man davon ausgehen dürfen, daß Jesu Tod irgendwie die Konsequenz aus seinem Weg war, obwohl gar nicht unmittelbar deutlich ist, wie diese Konsequenz präzise zu formulieren ist, denn gewirkt hat Jesus unter den Juden, aber die Römer haben ihn hingerichtet. Dennoch haben hier Beziehungen bestanden; und auf keinen Fall beendete das Kreuz Jesu Leben, wie eine Naturkatastrophe oder ein Verkehrsunfall sonst ein Leben beenden kann. Darum spitzt sich die Frage nun so zu: Hat Jesus mit einem Tode gerechnet, der die Konsequenz seines Wirkens war?

Dabei muß man drei Möglichkeiten unterscheiden. *Einmal* kann Jesus seinen Tod gewollt haben, weil er in ihm das schlechthin entscheidende Heilsereignis sah. Dann muß sein Wirken nicht in sich sinnlos gewesen sein; aber der eigentliche Sinn lag nicht im Wirken selbst, sondern in seinem Tode. *Sodann* kann Jesus seinen Tod als notwendige Konsequenz seines Wirkens verstanden haben. Dann war sein Tod ein integrierender Bestandteil seines Wirkens; und ohne seinen Tod wäre sein Wirken sozusagen unvollständig gewesen. *Schließlich* kann Jesus so gewirkt haben, daß er zwar nicht seinen Tod gewollt, aber den Tod doch als mögliche Konsequenz bewußt riskiert hat. – Die Unterschiede liegen manchmal nur in Nuancen. Aber wenn man (von Jesus her) die Bedeutung des Kreuzes präzise formulieren will, muß man sich auf Nuancierungen einlassen, weil sonst (gerade angesichts der Unsicherheit des Verständnisses des Kreuzes und der Fülle der sich zum Teil überschneidenden Interpretationen) gar zu leicht verwaschene Aussagen herauskommen.

Nun ist die Entscheidung zwischen den drei genannten Möglichkeiten allerdings nicht ganz leicht. Wir müssen uns darüber klar bleiben, daß es sich um eine historische Frage handelt, für deren Beantwortung ausschließlich historische Kriterien herangezogen werden dürfen. Unsere Quellen sind nun aber keine historischen Referate, sondern sie sind von Glaubenden gestaltet. Wenn sich der Glaube dann unterschiedlich ausdrückt, droht die Gefahr, daß lediglich ein Geschmacksurteil bestimmt, welcher der verschiedenen Glaubensaussagen man die größere Nähe zur historischen Wirklichkeit (und das heißt hier: zu Jesu eigenem Verständnis seines Todes) zuspricht.

Doch vielleicht ist die Frage gleichwohl nicht ganz so aussichtslos. Sicher ist zunächst dieses: Jesu eigene Meinung können wir exakt niemals feststellen, da von ihm selbst keine Zeile überliefert ist. Feststellen können wir daher immer nur, wie seine Jünger seine Einstellung zu seinem Tode verstanden haben. Es wäre daher schon im Ansatz falsch, wenn man das Verständnis der Jünger vom Kreuz mit Jesu eigenem Verständnis seines Todes vergleichen wollte. Eben das können wir nicht ermitteln. Wir müssen daher bei unserem Vergleich anders einsetzen. Jesu Kreuz war auf keinen Fall abzulesen, daß es ein Heilsereignis war.

Als Heilsereignis ist es von der frühesten Urgemeinde verstanden worden. Dieses Verständnis können wir jetzt vergleichen mit dem Verständnis der Jünger Jesu, das diese zu seinen Lebzeiten von Jesu Einstellung zu seinem Tode gewonnen haben bzw. das diese später (nach Karfreitag) als früher gewonnenen Eindruck aussagen. Denn nieder*geschrieben* sind die Erzählungen vom irdischen Jesus ja auf jeden Fall erst nach seinem Tode.

Dann ist aber sofort eine Beobachtung bemerkenswert. In der Fülle der Traditionen vom Reden und Wirken Jesu spielt sein Tod nur äußerst selten eine Rolle. Da aber diese Traditionen erst nach Karfreitag zusammengestellt wurden, in einer Zeit also, als man sich auf jeden Fall mit dem Tod Jesu auseinandersetzen mußte, hat diese Feststellung doch ein erhebliches Gewicht. Bedenkt man weiter, daß es sich (worüber kein Zweifel besteht) ursprünglich um Einzeltraditionen handelt, erkennt man, daß es überhaupt problematisch ist, einen Weg Jesu nachzeichnen zu wollen. Die Einzeltraditionen sind nicht so aufeinander bezogen, daß sie zu einer Darstellung im Nacheinander hindrängen. Sie haben vielmehr sozusagen punktuellen Charakter. Jede bildet in sich eine abgeschlossene Einheit. Man kann nicht bestreiten, daß sie sich ergänzen. Aber man muß sehr genau auf die Art dieser Ergänzung achten. Die liegt nicht etwa darin, daß man erst mit der Summe der Einzelüberlieferungen wirklich das Ganze hätte. Sondern jede Überlieferung für sich sagt das Ganze aus. Die Ergänzung besteht darin, daß das Ganze in Variationen ausgesagt wird. Immer tritt eine besondere Seite des Ganzen in Erscheinung; und es ist offenbar so, daß das Ganze so viele Seiten hat, daß Vollständigkeit unerreichbar ist.

Das Moment des Nacheinander ist demgegenüber sekundär. Es entsteht überhaupt erst durch die nachträgliche Sammlung der Einzeltraditionen; und erst in der Sammlung beziehen sich dann die Einzeltraditionen aufeinander. Erst nachher erkennt man, daß es sich um einen *Weg* Jesu gehandelt hat. Der Rahmen, in den die Einzeltraditionen gefügt wurden, erweckt diesen Eindruck. Der ist jedoch ohne Zweifel literarisch und darum auch historisch sekundär. Von dorther erweisen sich dann auch die Leidensankündigungen, die Jesu Weg thematisieren, als sekundär.

Doch selbst wer dieser letzten Schlußfolgerung nicht zustimmen will, muß zugeben (sofern er sich an die Texte hält und nichts hineinliest, was nicht da steht), daß Jesu Tod nicht als besonders herausgehobenes (Heils-)Ereignis erscheint, sondern als *eine* Station, der andere vorangehen (Mißachtung, Schmähung, Übergabe an die Hohenpriester, Ältesten, Schriftgelehrten usw.) und der eine weitere Station folgt (Auferstehung nach drei Tagen).

Im gesamten Überlieferungsmaterial gibt es überhaupt nur zwei Traditionen, die eine Ausnahme bilden. Im sogenannten Lytron-Wort (Mk 10,45) heißt es, daß der Menschensohn nicht gekommen sei, sich dienen zu lassen, sondern zu dienen – und sein Leben als Lytron zu geben »für viele«. Hier ist der Tod als Heilsereignis verstanden. Dasselbe gilt für Mk 14,24 wo (im Rahmen der Abendmahlsworte) von Jesu Blut die Rede ist, das »für viele« vergossen wird. Das sind wirklich Ausnahmen, deren nachträgliches Entstehen ganz leicht zu erklären ist. Sonst aber stellt man, lange nachher und in der gesamten Tradition, Jesu Wirken durchgehend niemals so dar, daß es auf einen Tod als Heilsereignis aus ist. Daraus darf dann aber ganz sicher geschlossen werden, daß der engste Kreis um Jesus zu seinen Lebzeiten Jesu Wirken nicht so verstanden hat, daß Jesus seinen Tod wollte.

Nun hört man gelegentlich, Jesus habe doch um den Tod des Täufers gewußt. Daraus schließt man dann, Jesus müsse sich Gedanken über sein mögliches Geschick gemacht haben und dann auch Gedanken darüber, in welcher Beziehung sein Wirken und sein Tod zueinander stehen. Das mag ja sein, aber nirgendwo wird erkennbar, daß Jesus sein Wirken auf seinen Tod hin ausgerichtet hätte, daß sein Wirken erst mit seinem Tode wirklich zum Ziel käme. Seine Jünger haben ihn jedenfalls nicht so verstanden.

Um ganz vorsichtig zu sein, möchte ich hinzufügen: Man darf aus alldem nicht folgern, daß (der historische) Jesus selbst seinem Tod nicht ein bestimmtes Verständnis gegeben hat. Davon wissen wir nur nichts. Und Vermutungen darüber, was Jesus gedacht haben könnte, welche alttestamentlichen und anderen Vorstellungen von einem Tod als Heilstod er gehabt haben könnte, bringen uns keinen Schritt weiter. Alle Vorstellungen, mit deren Hilfe seine Jünger später seinen Tod interpretiert haben, können ihm bekannt gewesen sein, waren es ihm höchstwahrscheinlich sogar. Wenn er sie aber auf seinen eigenen Tod bezogen haben sollte, dann – muß er es verschwiegen haben. Wäre es anders, hätte man doch, gerade nachdem der Tod eingetreten war, diese Worte nicht unterdrückt. Man hätte im Gegenteil gerade diese Worte bewahrt. Da aber Worte über eine Heilsbedeutung des Todes Jesu aus der Zeit seines Lebens praktisch fehlen, war der eigene Tod für Jesus offenbar kein »Thema«, das mitzuteilen ihm wichtig war – völlig gleichgültig, ob er für ihn selbst ein Thema war. Das wird schließlich auch durch die

Tatsache bestätigt, daß die Jünger angesichts dieses Todes völlig rat- und hilflos waren. Das Kreuz traf sie unvorbereitet.

So muß daher einfach ausgeschlossen werden, daß (im Verständnis seiner engsten Umgebung) Jesus seinen Tod als Heilsereignis *gewollt* hat, ebenso, daß er ihn als *notwendige* Konsequenz seines Wirkens verstand. Dann bleibt offenbar nur noch die dritte Möglichkeit: Jesus wurde erlebt als einer, der seinen Tod bewußt als mögliche Konsequenz seines Wirkens *riskierte.*

Das könnte seinen Tod dann aber doch ganz in die Nähe des Martyriums rücken. Und warum sollte man bestreiten, daß ein solches vorgelegen hat? Man muß das dann freilich noch etwas näher bestimmen. Wir wissen ja z. B. von frühchristlichen Märtyrern, daß sie singend in den Tod gingen. Zum Teil wollten sie ihn, weil sie meinten, erst im Tode käme ihre Nachfolge wirklich zur Vollendung. Ein Martyrium in diesem Sinne aber war Jesu Tod gewiß nicht. Solche vergleichsweise »heldischen« Züge finden sich nicht in den Jesus-Traditionen. Jesus nahm in seinem Wirken ein Risiko auf sich bis zur letzten Konsequenz. Daß diese eintrat, machte ihn zum Märtyrer. Dadurch wird aber nicht sein Tod qualifiziert, sondern sein Wirken. Dieses Wirken hätte keine geringere Qualität gehabt, wenn es nicht zum Märtyrertod geführt hätte.

Das Problematische an der Interpretation des Kreuzes als Heilsereignis bleibt also die Isolierung des Heils auf eben dieses Ereignis. Denn wenn Gott *auf Golgatha* die Welt mit sich versöhnt hat, dann verliert das Wirken Jesu an Heilscharakter. Wenn dieses aber nicht als Heil verstanden wurde (oder bestenfalls als unvollständiges, als vorlaufendes Heil), dann taucht zumindest wieder die Frage auf, ob die Interpretation des Kreuzes als Heilsereignis durch die frühe Urgemeinde nun nicht doch ein verzweifelter Versuch war, einer Sinnlosigkeit nachträglich Sinn zu geben, was um so leichter möglich war, als ja entsprechende Vorstellungen zur Verfügung standen.

IV.

Nun kann es nicht die Aufgabe der Theologie sein, frühere Antworten um jeden Preis zu verteidigen. Sie kann solche Antworten historisch verständlich machen. Aber was man historisch verständlich machen kann, muß darum noch nicht richtige Antwort sein, kann darum auch nicht – weil historisch verständlich – einfach von uns übernommen werden. Andererseits wird man sich aber auch hüten müssen, Antworten vorschnell als willkürlich zu bezeichnen, bevor man nicht alle Möglichkeiten eines sinnvollen Zustandekommens erwogen hat, denn wie oft bezeichnen wir nur deswegen etwas als willkürlich, weil wir es nicht durchschauen!

Wenn wir dann nun noch einmal in das Leben Jesu zurückverwiesen sind, sollten wir einen alten Fehler vermeiden. Es kann nicht mehr darum gehen, aufzuzeigen, daß dieses Leben in seinem *Ablauf* ein Weg zum Sterben war. Wie sehr immer wir daran interessiert sein mögen, eine Antwort auf diese Frage zu bekommen, müssen wir dennoch erkennen, daß es weder jetzt noch in Zukunft eine Antwort auf diese Frage gibt, weil unsere Quellen sie nicht zulassen. Wenn es aber sicher ist, daß eine Frage nicht zu beantworten ist, soll man sie aufgeben und sich mit einem »wir wissen es nicht« bescheiden. Unsere Quellen lassen aber, wie schon gesagt, deswegen keine Antwort zu, weil der Rahmen, in den die Evangelisten die Einzeltraditionen gestellt haben, sekundär, nicht jedoch historisch ist. Wir wissen daher über den Ablauf des Lebens Jesu im genauen Nacheinander fast nichts, auch nicht (wie man früher gelegentlich meinte) von Entwicklungen und Krisen, von einer Ausbildung der Leidensbereitschaft nach Enttäuschungen usw. Wir können also nicht Jesu Lebens*weg* seinem Kreuz gegenüberstellen, sondern wir können nur alle erzählten Begebenheiten einzeln nehmen und jedes Traditionsstück einzeln auf seine Beziehungen zum Kreuz befragen. *Nur* ein solcher Vergleich wird der Lage unserer Quellen gerecht; und darum ist nur ein solcher Vergleich sachgemäß. Was kommt dabei heraus?

Sie werden verstehen, daß ich in dieser Vorlesung nicht die Fülle des Einzelmaterials vor Ihnen ausbreiten kann, sondern mich auf Typisches beschränken muß. Ich denke dennoch, es wird deutlich, daß ich bei der Auswahl nicht willkürlich verfahre. Ich nehme dabei sozusagen eine Zusammenfassung vorweg.

Heute besteht Einigkeit darüber, daß im Zentrum von Verkündigung und Wirken Jesu die Ansage der jetzt einbrechenden Gottesherrschaft stand. Charakteristisch dafür ist Mk 1,15: »Die Zeit ist erfüllt, die Gottesherrschaft hat sich genaht. Kehrt um und laßt euch auf die Botschaft des Heils ein.« Wortwörtlich gehen diese Sätze sehr wahrscheinlich nicht auf Jesus zurück, sachlich aber drücken sie das aus, worum es ihm ging. Im Umkreis Jesu erwartete man (in apokalyptischen Vorstellungen) die Ablösung des gegenwärtigen (bösen) Äons durch einen neuen Äon, den Gott als sein Reich heraufführen würde. Inzwischen bereitete man sich durch Gesetzeserfüllung darauf vor, im Gericht bei der Äonenwende bestehen zu können. Die gegenwärtige Zeit verstand man als Vorbereitungszeit, in der der Mensch selbst Werke tun mußte und konnte, um sich den Eingang in den kommenden Äon zu sichern.

Diese vorgegebene Vorstellung durchkreuzt Jesus insofern, als er sagt: Es ist *keine* Zeit mehr. Die Gottesherrschaft ist *jetzt* im Einbrechen. Dadurch aber bekommt die Umkehr (Buße) einen anderen Stellenwert. War sie ursprünglich Bedingung für den Eingang ins Gottesreich, so wird sie jetzt Folge. Weil die Gottesherrschaft jetzt einbricht, ist sofortige Umkehr die einzig mögliche Konsequenz. Von dort aus wird auch verständlich, was in diesem Zusammenhang Glauben heißt. Es ist das Sich-Einlassen auf die als Frohbotschaft angesagte Gottesherrschaft, das in der Umkehr konkret wird. Gottesherrschaft ist ein Geschehen, das sich dort ereignet, wo Gottes guter Wille geschieht. Sich darauf einlassen, heißt also, Gottes guten, aber nicht den eigenen Willen tun.

An dieser Stelle wird dann die Spannung deutlich. Gottes Willen tun heißt, Gott im eigenen Leben zum Sieg kommen lassen. Nicht den eigenen Willen tun heißt, zugunsten des Willens Gottes, den man an sich und durch sich geschehen läßt, auf den eigenen Willen verzichten. Genau das muß nun präzisiert werden.

Man kann die vielfachen Inhalte der Botschaft Jesu nach verschiedenen Gesichtspunkten ordnen. Das sieht dann etwa so aus: Jesus geht es um das Angebot des mit der Gottesherrschaft einbrechenden Heils für alle Menschen. Die Armen werden selig gepriesen. Die Leidtragenden sollen getröstet, die Hungernden satt werden. Jesus setzt sich für die Verfolgten ein, geht den Verlorenen nach. Er wendet sich gegen die, die die Kleinen unterdrücken. Da die Herrschenden das gerade auch mit dem Gesetz und mit kultischen Vorschriften tun, übt er Kritik an Gesetz und Kultus. Er kann das Gesetz ungeheuer verschärfen. (Schon wer zürnt, nicht erst wer tötet, ist des Gerichts schuldig.) Er kann es aber auch erleichtern und fast aufheben. (Nächstenliebe geht vor Sabbatvorschriften.)

Das ist alles richtig; und dennoch ist es an einer, an gerade der entscheidenden Stelle verkürzt. Das muß man genau sehen. Man kann nämlich aus der Botschaft Jesu eine Lehre machen, aus der Lehre ein Programm. Dann kann man sagen: In der christlichen Botschaft geht es darum, daß Hungernde gesättigt, daß Gefangene besucht, daß Unterdrückte befreit werden. Dann kann man sich mit anderen zusammentun und versuchen, dieses Programm weltweit durchzusetzen. Das Christliche ist das wahrhaft Menschliche; Christentum ist Humanität. — Man sollte sich

davor hüten zu sagen, das sei zu wenig. Das ist doch ein wirklich gro-
ßes Ziel, aller Anstrengungen wert. Und doch ist es nicht das für Jesus
Spezifische.

Eine Kleinigkeit kann das zunächst signalisieren. In den Traditionen in
den Evangelien ist zwar zu einem erheblichen Teil von der Verkündigung die Rede; aber daneben gibt es Traditionen, die gar keine Verkündigungen enthalten, sondern Jesus als Wirkenden darstellen. Er setzt
sich mit Sündern an einen Tisch; er bricht um des Wohles von Menschen willen den Sabbat; er teilt Speise aus; er dient zu Tisch; er treibt
Dämonen aus usw. Man hat sich oft Gedanken darüber gemacht, wie
sich Jesu Verkündigung und Tun zueinander verhalten. In den Jesus-
Büchern findet das dann oft so seinen Niederschlag, daß manche (z. B.
das bekannte von Bultmann) sich ganz auf die Verkündigung beschränken, andere Verkündigung und Wirken Jesu in zwei getrennten Ab-
schnitten behandeln. Rein formal kann man das natürlich rechtfertigen;
und doch sollte man dieses beachten: Alle Einzeltraditionen sind von
den frühen Zeugen in ein und derselben Absicht formuliert worden: Sie
wollen das, was sie von Jesus empfangen haben, weitersagen. Das können sie unter Aufnahme seiner Verkündigung; das können sie unter
Aufnahme seines Tuns. Beides aber ist sachlich dasselbe. Beides interpretiert sich gegenseitig: die Verkündigung das Tun, das Tun die Verkündigung.

Wenn Jesus nun die einbrechende Gottesherrschaft ansagt, dann sagt er
an, daß sie in seinem *Tun* einbricht. Wenn Jesus sich den Kleinen und
Bedrängten zuwendet, wenn er Dämonen austreibt, dann *verkündigt* er:
In diesem meinem Tun kommt die Gottesherrschaft zu euch. Man kann
also seine Botschaft nicht von seinem Tun lösen (und zu einer Lehre
machen). Man versteht aber auch sein Tun, sein Eintreten für die Be-
drückten, nur richtig, wenn man es zusammen mit seiner Botschaft versteht, nicht aber als bloßes Modell eines Verhaltens, das nachzuahmen
wäre. Wenn man sagt, er praktiziere soziale Hilfe, wahre Humanität,
sei darum Vorbild für humanes Verhalten, dann ist das zwar nicht gerade falsch, aber dennoch ein ganz und gar vordergründiges Urteil, bei
dem das Entscheidende noch überhaupt nicht gesehen ist. Um es zuge-
spitzt zu sagen: Nicht um Humanität geht es ihm, sondern um Einbruch
der Gottesherrschaft in diese Welt. Wo man diesem Einbruch aber an sich
und durch sich geschehen läßt, da kommt dann freilich das heraus, was
wir Humanität nennen. Wer darum heute ein soziales Programm entwickelt, verfolgt damit doch nicht das, was Jesus wollte. Wer aber die

Gottesherrschaft kommen läßt (Mt 5,33: Trachtet am ersten nach der Gottesherrschaft und nach *ihrer* Gerechtigkeit...), für den ist alles andere nur Konsequenz.

Das bringt uns auf ein Weiteres. Gott will jetzt, in diesem Augenblick, seine Herrschaft als Heil unter den Menschen verwirklichen. Das ist die »Sache Jesu«, wie ich das vor Jahren einmal genannt habe. Diese Sache ist aber nur da richtig verstanden, wo man verstanden hat, daß der Weg Gottes zu den Menschen *über Menschen* geht, die die Sache Jesu selbst *leben.* Ob Gott auch noch andere Wege hat, darüber mag man streiten; und vielleicht kann man auch viel darüber sagen. Man tut das meist dann besonders gern, wenn man eigener Betroffenheit entgehen möchte. Für die Zeugen war jedenfalls klar: Die Gottesherrschaft kommt durch den Menschen Jesus zu uns; und sie kommt nur durch ihn. Darum ist auch nur an ihm abzulesen, *wie* die Gottesherrschaft kommt: so daß *er* sich für sie darauf eingelassen hat. Wenn dann aber die Sache Jesu weitergeht, wenn man also später erwartet, daß auch jetzt die Gottesherrschaft einbricht, so heißt das für jeden, dem daran liegt, daß sie einbricht: Sie bricht nur ein, wenn er selbst sich darauf einläßt. Wieder kann man darüber diskutieren, ob sie nicht auch durch andere einbricht. Und selbstverständlich kann man das nicht ausschließen, braucht es wohl auch nicht auszuschließen. Dennoch ist es für den, dem es um die Gottesherrschaft geht, wenigstens zunächst ganz uninteressant, weil solche Überlegungen gar zu leicht zu einem Alibi für einen selbst werden. Wem es um die Sache Jesu geht, der ist zuallererst (und zuallererst ausschließlich) selbst gefragt. – Wie sieht das aus?

Das kann man den alten Traditionen ablesen. Jesus läßt sich dadurch ganz auf die Gottesherrschaft ein, daß er fragt, wie Gott dem anderen begegnen will. Da er selbst sich auf Gott als den Vater einläßt, der ihn als Sohn liebt (später wird man ihn deswegen *den* Sohn nennen), rechnet er damit, daß Gott auch die anderen als seine Kinder liebt. Gottes Vater-Willen als Heil verstehen und tun heißt also, dem Nächsten (und das ist der, mit dem er es im konkreten Augenblick zu tun hat) Gottes Heil bringen. So kommt durch den Menschen Gottes Heil zum Nächsten; aber es bleibt nur dann Gottes Heil, wenn der Mensch, der es bringt, ganz von sich selbst absieht. Genau darin jedoch liegt das Risiko des Glaubens.

Zwei Hindernisse stellen sich dem Einlassen auf das Risiko immer wieder in den Weg: der Nächste und die Umstehenden, die Gesellschaft.

Beide können es deswegen so schwermachen, sich wirklich ganz auf Gott und das Einbrechen seiner Herrschaft einzulassen, weil sie ja in ihrem Verhalten selbst Herrschaft über uns beanspruchen, wir uns aber diese Herrschaft meist lieber gefallen lassen als die Herrschaft Gottes.

Jesus hat sich offensichtlich eine Frage verboten: Verdient der andere, daß ich ihm Liebe bringe? Nach menschlichem Urteil doch oft genug nicht; vor allem aber dann nicht, wenn er mir feindlich begegnet. Doch wie Gottes Heil bei mir einbrechen will, ohne daß ich Vorbedingungen zu erfüllen habe, so will es auch durch mich ohne Vorbedingungen, die der andere erst zu leisten hätte, zu ihm kommen. Weil Gottes Liebe zu den Menschen Liebe zu Sündern, also Feindesliebe ist, ist die spezifische Form der Liebe Jesu nicht einfach Nächstenliebe, sondern Feindesliebe. Wer sie aber übt, riskiert natürlich, schändlich ausgenutzt zu werden, denn wer Feindesliebe übt, legt alle eigenen Waffen weg. Er hält die rechte Backe hin, wenn der nächste auf die linke schlägt. Er begleitet den Gast auf dem Heimweg zwei Meilen durch gefährliches Gebiet, obwohl er (schon das eine Zumutung und ein Zeichen von Rücksichtslosigkeit) nur eine Meile Weggenossenschaft verlangt hat. Er läßt sich in der Nachtruhe stören, weil der Nachbar (ja wirklich!) Brot braucht. Er vergibt nicht siebenmal (was doch immerhin schon ein gerütteltes Maß an Selbstverleugnung verlangt), sondern siebzigmal siebenmal, d. h. immer. Ich brauche das nicht weiter auszuführen. Sie kennen die Fülle der Beispiele. Gottes durch mich Konkret-Werden der Herrschaft besiegt die eigene Bequemlichkeit, das Pochen auf (wohlgemerkt: begründetes!) eigenes Recht. Die Gottesherrschaft läßt es auch nicht zu, daß nur da geholfen und gegeben wird, wo man mit Dank rechnen kann. Wie der andere ist, wer der andere ist (ein armer Unterdrückter, dem das Nötigste zum Leben fehlt, oder ein reicher Zöllner, der seine Volksgenossen ausbeutet) und wie sie sich verhalten, ist für Gottes unbegrenzten Liebeswillen gleichgültig. Immer geht es um das Heil des anderen; und immer hängt sein Heil davon ab, ob ich mich auf die Gottesherrschaft einlasse. – Aber wo bleibt dann mein Heil?

Wir lassen die Frage vorläufig stehen und wenden uns erst dem anderen Hindernis zu, das dem Einlassen auf das Risiko im Wege steht: die Umstehenden, die Gesellschaft. Man muß sehen, daß sich das Austeilen der Liebe nicht so kodifizieren läßt, daß man daraus eine zu erfüllende Pflicht macht. Man kann diese Selbstentäußerung schlechterdings keinem Menschen zumuten, der nicht davon überzeugt ist, daß die einbrechende Gottesherrschaft gerade das in diesem konkreten Augenblick von ihm fordert, daß sie ihn zu solchem Tun mißreißt. Ohne Bezug zur Gottesherrschaft, einfach als eine ethische Norm, muß solches Tun schlicht als dumm bezeichnet werden, wenn nicht als mehr. Wer das tut, riskiert darum sofort, daß die Gesellschaft ihn einen Trottel nennt, einen Feigling, der sich nicht wehrt, einen Menschen, der keinen Ehrbegriff hat, der nichts auf sich hält, weil er sich mit unmöglichen Leuten abgibt. Man kann es noch einen Glücksfall nennen, wenn es bei solchen Abqualifizierungen bleibt. Anderes kommt nämlich schnell dazu: Man trennt sich von diesem Menschen. Die Familie hält ihn für verrückt, wie es Jesus geschehen ist, der das dann noch auf die Spitze treibt und sagt: Wer Vater oder Mutter mehr liebt als mich, kann nicht mein Jünger sein. Nach der Diffamierung also die Isolierung. Und wieder ist das verständlich. Dieser Mensch setzt sich ja über die Normen hinweg, die das Gemeinschaftsleben regeln, an die man sich halten muß, wenn das Miteinander klappen soll. Da behauptet Jesus, Gottes Willen zu tun – und bricht den Sabbat. Er tut das nicht etwa fahrlässig, sondern bewußt. Auf bewußte Sabbatverletzung steht die Strafe der Steinigung. Alles was folgt, ist dann nur noch konsequent. Der Mann lehrt ja nicht nur gefährlich, er tut auch, was er lehrt; und er stiftet andere (wie er sagt: im Namen Gottes) dazu an. Den Mann muß man beseitigen. Und die Gesellschaft hat recht. Das darf nicht einen Augenblick außer acht bleiben: Die Gesellschaft hat recht. Daß sie dann mit den Römern zusammengearbeitet, das Todesurteil manipuliert hat, indem sie ein politisches Motiv vorschob, ist relativ unwichtig. Was für die Gesellschaft zur Selbsterhaltung nötig war, hat sie erreicht.

Ich denke, in dieser knappen Skizze wird nun eines überdeutlich: Jesus ist nicht den Niedrigkeitsweg gegangen mit dem Martyrium als Ziel. Nie und nimmer hat er Leiden und Tod *gewollt*. Er ist im Gegenteil gerade den Hoheitsweg gegangen. Durch jedes einzelne Reden und durch jedes einzelne Tun, durch sein ganzes Verhalten wollte er die Gottesherrschaft bringen. Er kämpfte damit nicht etwa gegen die Sünder; und er sagte auch nicht der Gesellschaft den Kampf an. Er ließ sich auf die einbrechende Gottesherrschaft ein. Weil er das tat, war er nicht tragbar, denn mit Jesu Gott wollten die Sünder und wollte die Gesellschaft nichts zu tun haben.

War der Tod dann doch die *notwendige* Konsequenz solchen Wirkens? Diese Frage scheint mir nicht erlaubt, denn wer will bestimmen, was notwendig ist, und wo findet man Kriterien für eine Antwort? Dies allerdings muß man sagen: Die Gottesherrschaft kann in dieser Welt nur der wirklich leben, der als äußerste Konsequenz den Tod riskiert. Und umgekehrt: Nur wo der Tod ernsthaft als Risiko einkalkuliert wird, kann die Gottesherrschaft bedingungslos gelebt werden.

Es ist nur zu gut zu verstehen, daß die Jünger dann doch an dieser äußersten Grenze in ratlose Verwirrung gerieten. Doch dann wurden ihnen die Augen geöffnet, und sie erkannten, daß dieser Tod in Wahrheit keine Niederlage war, sondern daß hier die Hoheit der Gottesherrschaft bis zur letzten Konsequenz gelebt worden war. Man hat dann das Kreuz interpretiert. Das geschah jedoch nicht willkürlich in einem trotzigen Dennoch, weil dafür auch noch geeignete Vorstellungen zur Verfügung standen. Sondern man hat das Kreuz mit Hilfe des erfahrenen Wirkens Jesu interpretiert, weil man dieses Wirken jetzt wirklich zu Ende verstanden hatte.

Er war ja »für uns« da. Er hat uns ja mit Gott in Ordnung gebracht. Er tat das immer während seines Lebens (und eben das meint ja Sündenvergebung). Gott-entfremdete Menschen hat er mit Gott versöhnt, indem er ihnen (ohne Vorbedingung!) die Gottesherrschaft zulebte. Wie konsequent er das aber tat, zeigt eben sein Kreuz.

Wenn man jetzt die einzelnen Episoden des Wirkens Jesu nebeneinanderstellt, erscheinen sie wie ein Kreuzesweg. Und das ist ja auch nicht falsch. Man muß das nur anders verstehen, als es gemeinhin geschieht. Es war kein Weg *zum* Kreuz (das war es nur historisch), sondern es war ein Weg *am Rande* des Kreuzes, weil jedes einzelne Wirken das Risiko des Scheiterns in sich barg. Es war dann auch nicht so, daß das Scheitern am Ende mit Hoheit belohnt wurde und die Auferstehung das Kreuz nun hinter sich ließ. Das Bekenntnis zum Auferstandenen drückt vielmehr aus, daß der *irdische* Jesus in unbegrenzter Souveränität die Hoheit der Gottesherrschaft lebte. Die Konsequenz der *Hoheit* wird am »Scheitern« deutlich. Doch wer jetzt vom Scheitern reden wollte, zeigte damit nur, daß er die Gottesherrschaft nicht begriffen hat.

Jetzt wußten sich die Jünger befreit, auch ohne Jesu leibliche Anwesenheit den Hoheitsweg des Kreuzes zu gehen. Das abgeschlossene Wirken Jesu, das sie im Rückblick als Einheit sahen, war für sie bleibendes Angebot, sich weiter auf das Wagnis der einbrechenden Gottesherrschaft einzulassen, wie sie das in der Nachfolge Jesu als durch ihn mit Gott Versöhnte erfahren hatten. Und selbstverständlich muß man jetzt sagen, daß nicht etwa nur und erst der auf dem Kreuzesweg ist, der am

Ende um seines Christ-Seins willen den Tod erleidet, sondern der, der *täglich* um der Gottesherrschaft willen sein Kreuz auf sich zu nehmen bereit ist. Und wer sich das Kreuz als Zeichen ansteckt, tut es nur dann mit Recht, wenn er damit ausdrückt, daß er es täglich bis zur äußersten Konsequenz riskiert, sich auf die Gottesherrschaft einzulassen.

V.

Doch nun zum Schluß noch einmal die liegengelassene Frage: Wo ist denn das Heil für den Menschen selbst, der, sich auf die Gottesherrschaft einlassend, anderen das Heil bringt — und dabei immer am Rande der Katastrophe wandelt, da diese Welt eben gott-lose Welt ist?

Darauf zwei Antworten, eine theoretische und eine praktische. Die theoretische: Das Heil besteht darin, daß der Mensch sich inmitten einer aus den Fugen geratenen Welt von Gott her die souveräne Freiheit schenken läßt, nicht von dieser Welt und auch nicht von sich selbst abhängig zu werden, und so in Jesu Freiheit an Gottes Hoheit partizipiert. — Das kann man vielleicht theoretisch einsehen. Aber wie *erfährt* der Mensch, daß das in Wahrheit Freiheit ist?

Die praktische Antwort: Nur auf dem Wege selbst — und manchmal in der Rückschau, wenn man sich nicht den Blick durch Niederlagen und Scheitern verdunkeln läßt, die sich in den Weg gestellt haben und immer wieder stellen, sondern sich darüber freuen kann, Mitarbeiter Gottes zu sein (1 Thess 3,2). Paulus kann das dann so beschreiben, daß Gott in seinem Herzen ein strahlendes Licht angezündet hat. Diesen Schatz des Lichtes hat er freilich stets nur in einem zerbrechlichen Gefäß (2 Kor 4,6 f.). Darum trägt er zwar immer das Sterben Jesu an seinem Leibe umher, doch eben dadurch bringt er Jesu Leben (2 Kor 4,10).

7. Wie kann man heute (noch) von »Auferstehung der Toten« reden?

Machen wir uns zunächst klar: Hinter dieser Frage muß nicht einfach bloße Neugier stecken; und ebensowenig muß es ein ein wenig herablassend redender Skeptizismus sein, der die Frage so formuliert. Beide Motive mögen vordergründig vorhanden sein. Sie verdecken jedoch oft eine wirklich große Not. Dabei ist diese Not noch nicht einmal umfassend in den Blick gerückt, wenn man sie als Ungewißheit über die eigene Zukunft beschreibt. Nicht ausschließlich um sie geht es nämlich, sondern die Ungewißheit bestimmt gerade das eigene gegenwärtige Leben. Sein Sinn wird hier in Frage gestellt. Lohnen sich denn Plakkereien, Anstrengungen, Mühsal, Ärger, Mißerfolge, Enttäuschungen, mit denen wir es immer wieder zu tun haben, wenn gar keine Hoffnung besteht, daß wenigstens in späterer Zukunft (und dann eben vielleicht nach unserem Tode) das Dunkle zurückbleibt, uns nicht mehr bedrängen kann und es wirklich hell um uns wird? Ohne solche Hoffnung scheint das Leben doch oft nur eine große Last zu sein. Lohnt es sich, die zu ertragen? – Doch selbst wenn man das Ganze umkehrt, stellt sich die Frage kaum anders. Haben wir Erfolge aufzuweisen, Glück als Begleiter, dann mögen wir sie im Augenblick zwar genießen, müssen sie aber zugleich ängstlich bewahren, sie hüten, uns um ihre Dauer bemühen, denn wie schnell bleibt alles zurück. Und was bleibt nachher? Die Frage nach der Zukunft ist nun einmal nicht einfach und nur eine Frage nach der Zukunft, sondern zugleich immer auch eine Frage nach dem Sinn unserer Gegenwart. Wir können beides nicht voneinander trennen, werden daher immer beides zusammen zu bedenken haben. Am Schluß des Vortrages komme ich ausdrücklich darauf zurück.

Doch zunächst allein die Frage unseres Themas: Wie sieht es mit unserer Zukunft aus? Hier scheint nun manchem so ziemlich alles ins Wanken geraten zu sein. An die alten Vorstellungen kann man sich nicht mehr recht halten. Die Frage nach der Auferstehung Jesu, die man doch lange als Grundlage für die eigene Auferstehungs- und damit für die eigene Zukunftshoffnung gehalten hat, ist heftig umstritten, sogar unter Theologen. Gelegentlich hört man, daß manche unter ihnen sie bezweifeln. *So* stimmt das wohl kaum; aber ist es nicht bezeichnend genug, daß die Auferstehung überhaupt problematisiert wird? Zumindest verursacht das eine erhebliche Unsicherheit. Darum versuchen manche, gegen die (wie sie sagen) ungläubige theologische Wissenschaft kräftig den Glauben ins Feld zu führen; und dabei schieben sie alle Probleme entschlossen beiseite. Aber dadurch, daß man die Augen verschließt und meint, das um des Glaubens willen tun zu müssen, löst man keine Probleme. Ganz ehrlich ist ein solches Vorgehen ja auch nicht. Sollte man nicht gerade an diesem Punkt auf peinlichste Ehrlichkeit bedacht sein? Eine Antwort, die auch nur ein klein wenig von Unehrlichkeit angekratzt ist, kann bei letzten Fragen nicht helfen. Hier handelt es sich aber doch wirklich um die letzte Frage. Wie kommen wir aus diesen Schwierigkeiten heraus?

I.

Es mag Sie der Einsatz verwundern, wenn ich sage: Wir müssen zunächst einmal unsere Sprache kontrollieren. Wir müssen Begriffe und Ausdrücke, die wir benutzen, müssen Vorstellungen, die wir verwenden, ganz klar formulieren. Erst dann verstehen wir wirklich, was wir meinen, und können es anderen so mitteilen, daß keine Mißverständnisse entstehen. Oft ist es doch so, daß wir zwar gleiche Vokabeln benutzen, mit diesen Vokabeln aber unterschiedliche Inhalte verbinden. Besonders deutlich und für uns alle leicht erkennbar kann man das heute etwa der Sprache der Politik ablesen. Wir sagen zum Beispiel »Demokratie« oder »Freiheit« und verstehen im Westen und Osten etwas anderes darunter. Für Demokratie ist heute jeder, für Freiheit auch, damit aber noch lange nicht für das, was der je andere unter Demokratie und Freiheit versteht. Mit dem Wort »Auferstehung« ist das, wie wir gleich sehen werden, ganz ähnlich. Nicht jeder, der es benutzt, drückt damit dasselbe aus wie ein anderer. Darum ist es kein Umweg, wenn wir bei der Kontrolle unserer Sprache einsetzen. Wenn hier keine Klarheit besteht, fehlt unserem gegenseitigen Verstehen die Grundlage. Sehr oft ist schon eine an sich bekannte Tatsache nicht immer jedem genügend bewußt: Auferstehung der Toten ist keineswegs eine spezifisch christliche Vorstellung. Das sollte man sich bei allen Überlegungen zu unserem Fragenkreis fest einprägen. Auferstehung der Toten und Christentum haben nur so viel miteinander zu tun, daß im Christentum von der Auferstehung geredet wird, daß es sich aber umgekehrt dort, wo von Auferstehung geredet wird, noch keineswegs um etwas Christliches handeln muß. So gibt es eine ganze Reihe von Religionen, die Tod und Auferstehung von Göttern kennen; und über Auferstehung der Toten hat man schon vor Jesus gesprochen, dann zu Lebzeiten Jesu und selbstverständlich auch danach.

Sieht man nun aber einmal in die alten Texte hinein, entdeckt man schnell, daß die Vorstellungen sehr verschieden waren. Ich nenne nur einige wenige. In Israel konnte man an die Auferstehung aller Menschen denken, über die dann das Gericht erging. Nur wer hier bestand, ging ins ewige Leben ein. In anderen Kreisen in Israel rechnete man mit der Auferstehung nur der Gerechten. Dabei war dann das Gericht sozusagen in die Auferstehung hineingenommen. Die Auferstehung war der Lohn für die Gerechten. Die Ungerechten dagegen gehörten zur Masse der Verlorenen. Rechnete man auch für sie mit einem Weiterleben nach dem Tode, dann war es ein Leben in Qual und Pein. So muß man hier also unterscheiden zwischen einer Auferstehung zum Leben und einer Auferstehung zur Verdammnis. Auch politisch-sakrale Gedanken spielten hier und dort eine Rolle. Gelegentlich rechnete man mit einer Auferstehung nur der Israeliten, nicht jedoch der Völker. Es gab auch die Vorstellung einer doppelten Auferstehung: zuerst Israels (bzw. der Gerechten), die dann zusammen mit dem Messias das Tausendjährige Reich erlebten. Danach erst geschah in einer zweiten Auferstehung die Auferstehung aller, zumeist wieder verbunden mit der Vorstellung des Gerichts. Manchmal dachte man es sich so, daß die Auferstandenen auf der (erneuerten) Erde blieben; ein anderes Mal so, daß sie in den Himmel entrückt wurden. Ich könnte noch manche weiteren Vorstellungen und auch Kombinationen von Vorstellungen nennen; aber das brächte uns nicht weiter. In ihrer Fülle sind sie einfach verwirrend. Man kann sie nicht miteinander ausgleichen, harmonisieren und in ein System bringen. *Die* Auferstehungsvorstellung finden wir nicht. Er gab sie auch gar nicht. Nur wenn man abstrahiert, wenn man versucht, aus der Mannigfaltigkeit der Vorstellungen wenigstens einen gemeinsamen Zug herauszufinden, dann wird man dieses sagen können: Auferstehung heißt, daß Gestorbene wieder lebendig werden. Völlig offen bleibt dabei, wer, wo, wozu.

Nun muß man ein Weiteres wissen. Die Vorstellung (zumindest die einer individuellen Auferstehung) stammt vermutlich aus dem Iran, kam etwa im 3. Jahrhundert vor Christus nach Israel. Sie wurde aber keineswegs überall aufgenommen. Man stritt sich vielmehr darüber, und das bis in die Zeit Jesu hinein. Aus dem Neuen Testament wissen wir, daß die Sadduzäer diese Vorstellung ablehnten (Mk 12,18; Apg 4,2; 23,6.8). Der Grund dafür war, daß die Vorstellung nicht aus dem Alten Testament stammt, daß sie also, wie wir sagen würden, nicht schriftgemäß war. Die Sadduzäer waren also konservativ. Die Pharisäer dagegen waren das nicht. Sie übernahmen diese fremde Vorstellung, wie andere Gruppen das auch taten, und haben sich schließlich damit durchgesetzt. Die Erwartung der Auferstehung der Toten wurde Gemeinüberzeugung im Judentum. Es wurde eine gleichsam weltanschauliche Vorstellung. Man war (in welcher Gestalt auch immer) davon überzeugt, daß Auferstehung der Toten geschehen würde. Und wir können mit Sicherheit sagen, daß auch der Jude Paulus, das heißt Paulus vor seinem sogenannten Damaskuserlebnis, von seiner eigenen Auferstehung nach seinem Tode überzeugt war. Diese Gewißheit brachte er also schon mit, als er Christ wurde; und es ist nicht so, daß er sie erst bei seinem und durch sein Christ-Werden erlangte, als er an den Auferstandenen glaubte. Doch auch die junge judenchristliche Gemeinde brachte diese Vorstellung aus ihrer jüdischen Vergangenheit mit. Wohl kaum einer der Jünger Jesu hat daran gezweifelt, daß es eine Auferstehung der Toten geben werde. Das hatten sie aber nicht von Jesus, sondern das war jüdisches Erbe.

Eines wurde nun freilich anders. Wenn jetzt die Auferstehung Jesu verkündigt wurde, bedeutete das im Zusammenhang mit der Geschichte der Vorstellung, daß nun ein neuer Akzent eintrat: Was man bisher nur und ausschließlich von der Zukunft erwartete, war nun schon (wenigstens) einmal geschehen. Dieser Gedanke steht etwa hinter 1 Kor 15,20, wo Christus bezeichnet wird als Erstling der Entschlafenen, der aus den Toten auferweckt wurde. Um zu erläutern, was das genau bedeutet, müßte ich freilich jetzt das ganze 15. Kapitel des 1. Korintherbriefes exegesieren. Das kann ich im Rahmen dieses Vortrages nicht leisten. Doch auf einen Punkt möchte ich hinweisen. Die Vorstellung von der Auferstehung der Toten wurde jetzt nicht etwa eine ausschließlich christliche Vorstellung. Sie lebte in der Umwelt weiter. Die Juden hielten nach wie vor an ihr fest, durch ihren und durch christlichen Einfluß später die Mohammedaner. Im Christentum bekam die Vorstellung lediglich einen besonderen Akzent, eben durch das Bekenntnis zum auferstandenen Jesus. Wegen dieses besonderen Akzentes übersehen Christen oft, daß sie die Auferstehungshoffnung mit anderen Religionen teilen.

Aber nun muß ich auf eine höchst erstaunliche Tatsache hinweisen, die meist unbekannt ist. In mindestens einer Gemeinde haben Christen die Auferstehung der Toten geleugnet. 1 Kor 15,12 schreibt Paulus: »Wie kann es unter euch solche Leute geben, die behaupten: Es gibt keine Auferstehung der Toten!?« Solche Leute gab es also in Korinth; und das waren nicht etwa Menschen, die ihr Christ-Sein abgelegt hatten. Nein, sie waren durchaus der Meinung, Christen zu sein, und behaupteten dennoch: Eine Auferstehung der Toten gibt es nicht. Es ist umstritten, ob sie damit zugleich sagen wollten, daß auch Christus nicht auferstanden ist. Möglich ist nämlich durchaus, (wenn auch in einer gewissen sprachlichen Unklarheit, wie ich gleich zeigen werde), daß sie die Auferstehung Christi bekannten und dennoch eine Auferstehung der Toten ablehnten. Die paulinische Argumentation gegen diese Behauptung ist indes ganz konsequent. Sie lautet: Was grundsätzlich nicht geschehen wird oder geschehen kann, das kann keine Ausnahme in der Vergangenheit ertragen. Darum schreibt der Apostel: »Wenn es keine Auferstehung der Toten gibt, dann kann auch Christus nicht auferstanden sein« (1 Kor 15,13). Das scheint logisch gedacht, klingt darum auch überzeugend.

Nur müssen wir uns an dieser Stelle dennoch vor einem Kurzschluß hüten. Wir dürfen nämlich nicht vorschnell die Vorstellung von der Auferstehung der Toten und die Vorstellung einer Zukunftshoffnung überhaupt miteinander identifizieren. Wenn heute zum Beispiel jemand behauptet: Es gibt keine Auferstehung der Toten, dann versteht man ihn im allgemeinen so, daß er damit zugleich sagt: Mit dem Tode ist alles aus. Genau das aber ist ein Irrtum.

Denn wer die Hoffnung auf die Totenauferstehung leugnet, muß damit keineswegs zugleich *jede* Zukunftshoffnung leugnen. Es gilt vielmehr zu sehen, daß Auferstehungshoffnung nur *eine* Form der Zukunftshoffnung ist, wirklich nur eine. Genau das aber muß man sich klarmachen und dann auch begrifflich und sprachlich zum Ausdruck bringen: Die Zukunftshoffnung ist der Oberbegriff; die Hoffnung auf die Auferstehung der Toten ist einer seiner Unterbegriffe.

Das kann man erkennen, wenn man die Anthropologie betrachtet, die Lehre vom Menschen. Hier gibt es im Griechentum und im Judentum ganz bezeichnende Unterschiede. Die griechisch-hellenistische Anthropologie ist gekennzeichnet durch einen Dualismus. Hier stehen sich sozusagen zwei Partner als Gegner gegenüber: das Innen und das Außen. Leider werden für diese Partner unterschiedliche Namen benutzt, was das Verständnis ein wenig erschweren kann; die anthropologische Konzeption bleibt dennoch klar. Ich stelle gegenüber: Auf der *einen* Seite steht der Leib (ein Wort, das auch im Neuen Testament mit unterschiedlicher Bedeutung vorkommt). In unserem Zusammenhang ist an das zu denken, was Luther einmal seinen »alten Madensack« nannte, also seinen Körper, der nach dem Tode vergehen und verwesen wird. Es ist das Fleisch, die Hülle, die Schale, eben: das Vergängliche. Auf der *anderen* Seite steht die Seele. Manchmal wird sie als Geist bezeichnet, als Ich, als Selbst des Menschen. Wieder überschneiden sich die Bedeutungen auch bei gleichem Wortlaut. Ich werde vorzüglich von der Seele sprechen, weil man diesen Begriff in unserem Zusammenhang am häufigsten gebraucht.

Wir haben es also zu tun mit einem Dualismus zwischen Körper und Seele. Dann aber liegt im Rahmen dieser Anthropologie die Sache so: Die Seele (und *nur* sie) ist erlösungsbedürftig; aber auch sie allein ist erlösungsfähig, denn der Körper, der der Materie angehört, fällt mit dem Tode dem Vergehen anheim.

Die Erlösung der Seele kann nun wieder auf verschiedene Weise geschehen. Sie kann Gnosis (Erkenntnis) empfangen. Sie kann durch heilige Riten (wie Taufen) erlöst werden, auch durch Teilnahme an Mysterienkulten – und noch auf mannigfache Art. Am meisten spricht man in diesem Zusammenhang von der Erlösung durch Gnosis und darum nennt man auch diese ganze Bewegung meist mit dem Sammelbegriff »Gnosis«.

Ich fasse jetzt den Erlösungsvorgang (etwas vereinfachend) zusammen. Im Körper lebt die zunächst unerlöste Seele, die auf Erlösung wartet. Empfängt sie die, dann ist sie damit zwar schon ein für allemal erlöst; sie muß aber trotzdem noch einige Zeit im Körper verweilen. Jetzt ist der Körper das »Gefängnis der Seele«. Diese erwartet, aus dem Gefängnis freizukommen, um dann die Himmelsreise antreten zu können. Möglich ist das erst, wenn der Körper gestorben ist.

Verkündigt man jetzt einem Menschen, der diese Anthropologie vertritt, die Auferstehung (die dann als Auferstehung des Körpers verstanden wird), dann ist für ihn jede Hoffnung dahin. Dann muß die Seele ja ins Gefängnis zurück. Ankündigung einer kommenden Auferstehung ist darum Ausdruck einer totalen Hoffnungslosigkeit. Hoffnung besteht ja gerade darin, vom Körper befreit zu werden. Sie besteht also nur da, wo es keine Auferstehung des Körpers gibt. Sieht man diesen Zusammenhang, dann kann man die Meinung einiger Christen in Korinth schon recht gut verstehen. Sie haben Zukunftshoffnung. Sie wollen an ihrer Zukunftshoffnung festhalten; und eben deswegen sagen sie: Es gibt keine Auferstehung der Toten.

Auf eine sprachliche Kleinigkeit will ich jetzt noch hinweisen. Auch in gnostischen Texten jener Zeit ist (wenn auch nur relativ selten) von Auferstehung die Rede. Dabei ist aber nicht an die Auferstehung des Körpers gedacht, sondern Auferstehung meint hier die Himmelsreise der Seele. Gnostiker können aber auch in noch einem anderen Sinne von Auferstehung reden. Das wissen wir sogar aus dem Neuen Testament. 2 Tim 2,18 werden Gegner bekämpft, die behaupten, die Auferstehung sei schon geschehen. Es ist völlig klar, daß hier nicht die Auferstehung des Körpers gemeint ist, denn die Menschen sind ja noch gar nicht gestorben. Daß die Auferstehung schon geschehen ist, soll hier besagen, daß die früher unerlöste Seele inzwischen bereits erlöst ist, auch wenn sie noch im Körper verweilt.

Sie sehen, der Begriff Auferstehung ist mehrdeutig. Darum ist es durchaus möglich, daß Gnostiker um ihrer Zukunftshoffnung willen die Auferstehung der Toten bestreiten, nicht aber die Auferstehung Christi. Sollte das der Fall gewesen sein (die Exegeten sind hier unterschiedlicher Meinung), dann denken die Gnostiker dabei nicht an die Auferstehung des Körpers Jesu (etwa aus dem Grabe heraus), sondern an die Himmelsreise des Christus; und darunter verstehen sie die Seele Jesu. Auch Jesus sehen sie im Rahmen ihrer gnostischen Anthropologie. Von dort aus ist es nur konsequent, daß sie mit dem irdischen Jesus nichts anfangen können. Es taucht zum Beispiel der Gedanke auf, daß der Christus seine Wohnung in Jesus genommen und sie vor der Kreuzigung Jesu wieder verlassen hat. Darum konnten Gnostiker (worauf 1 Kor 12,3 hinweist) Jesus verfluchen. Sie verfluchen damit keineswegs den Christus. In dieser griechisch-hellenistischen Anthropologie stehen sich also Christus und Jesus wie Seele und Körper gegenüber. Auferstehungsaussagen können, wenn sie gemacht werden (was selten geschieht), nur von der Seele und nur von Christus gemacht werden. Versteht man aber unter Auferstehung der Toten die Auferstehung des Leibes, dann muß hier behauptet werden: Es gibt keine Auferstehung der Toten. Und wenn uns das auch ganz seltsam vorkommt, müssen wir doch sehen: Genau das ist Ausdruck von Zukunftshoffnung.

Bevor ich jetzt die jüdische Anthropologie danebenstelle, möchte ich noch eben auf eine Konsequenz aus der gnostischen Anthropologie hinweisen und damit den Gegenwarts-Aspekt andeuten. Der zeigt sich in der Ethik. Hat die Seele einmal Gnosis erlangt, ist sie damit ein für allemal erlöst. Am Körper (der zum *eigentlichen* Menschen gar nicht gehört) ist die Seele nur negativ interessiert: Er soll sie so bald wie möglich freigeben. Im übrigen aber kann er tun und lassen, was er will. Die Folge ist ein Libertinismus; und es kann die Parole ausgegeben werden: alles ist erlaubt (vgl. 1 Kor 6,12; 10,23). Kein Tun des Körpers kann die Erlösung der Seele rückgängig machen. – Doch auch die genau umgekehrte Konsequenz ist möglich. Die erlöste Seele, erbittert über ihr Gefängnis, erlaubt dem Körper überhaupt nichts mehr. Das führt dann zur Askese. So kommen Libertinismus (ich kann tun, was ich will) und Askese (ich muß den Körper in scharfe Zucht nehmen) aus einer Wurzel. Beide Anschauungen hat es in neutestamentlicher Zeit in gnostischem Christentum gegeben.

Ich fasse das Gesagte zusammen: Die Frage unseres Themas, wie man heute von Auferstehung der Toten reden kann, hätte ein Gnostiker jener Zeit (und auch einer, der durchaus Christ sein wollte) so beantwortet: Man kann heute nur dann von Auferstehung der Toten reden, wenn man sich darüber klar ist, daß das Eingeständnis grenzenloser Hoffnungslosigkeit ist. – Sicherlich ist das eine für unsere Ohren verwunderliche Antwort. Aber sie ist zumindest verständlich; und ich muß noch einmal betonen: Das hätte ein Mensch jener Zeit im Rahmen seiner Anthropologie für sein eigenes Heute sagen können.

Wir wenden uns jetzt der Zukunftshoffnung und der Anthropologie im Judentum und im Alten Testament zu. Die Vorstellungen, denen wir dort begegnen, sind zum Teil sehr anders. Ich kann hier natürlich nur in aller Kürze darauf eingehen, muß an unserem Thema orientiert bleiben.

Zunächst gilt es da zu beachten, daß wir es nicht mit einem einheitlichen, in sich geschlossenen Bild zu tun haben. Im Laufe der Geschichte Israels haben sich tiefgreifende Wandlungen der Vorstellungen vollzogen. In erster Linie betrifft das das Verständnis des Todes. Das wirkt auf uns außerordentlich fremd; und wahrscheinlich können wir es überhaupt nicht nachvollziehen. Es läßt sich darum auch nicht in ein System bringen, weil wir immer wieder auf Aussagen stoßen, die wir von der Art unseres Denkens aus als widersprüchlich bezeichnen müssen. Ein wichtiges Kennzeichen ist, daß es nahezu nie um den einzelnen geht. Dieser wird vielmehr stets in einem ihn einschließenden Verband gesehen. Er lebt in der Familie, im Stamm, im Volk; und hier lebt er in seinen Kindern weiter, die dann ihrerseits in Familie, Stamm und Volk leben. Darum ist gar nicht sein Sterben schlimm, sondern schlimm ist es, kinderlos zu sterben. Der individuelle Tod spielt nicht die Rolle, die er in unserem Denken einnimmt; und darum kommt die Frage einer individuellen Auferstehung gar nicht in den Blick. Der Tod wird nicht als eine fremde Macht empfunden, ist kein Schicksal, das über den Menschen kommt, das Jahwe dann später an diesem Menschen wieder rückgängig macht, sondern der Tod ist Jahwes eigene Macht. Dem Menschen ist eine Spanne Zeit zugewiesen, Abraham zum Beispiel 175 Jahre. Dann, so heißt es von ihm, starb er in einem schönen Alter, alt und lebenssatt, und wurde zu seinen Stammesgenossen versammelt (1 Mos 25,8; vgl. 35,29). Die Frage: Was wird dann aus ihm, aus dem Individuum Abraham?, ist unsere Frage. In Israel stellt man sie nicht.

Nun begegnen zwar hier und dort Vorstellungen von einem Totenreich bzw. von der Unterwelt, wo Verstorbene ein unbestimmtes Schattendasein führen. Da aber Israel jeden Totenkult (den andere Religionen im Umkreis kennen) stets abgelehnt hat (die Toten sind unrein), werden solche Vorstellungen nicht benutzt, um für postmortale Existenz zu interessieren. Sie werden im Gegenteil oft gerade ins Leben hineingenommen. Sofern dieses Leben jetzt bedroht ist, kann gesagt werden, daß es ein Leben im Totenreich ist. So kann der Psalmist bekennen, daß Bande des Todes ihn umfangen hatten und die Unterwelt mit ihren Ängsten auf ihn eindrang (Ps 116,3). Die Rettung durch Jahwe ist dann ein Herausreißen aus der Unterwelt, ein Hinausführen ins Freie (Ps 18,20). So wird die Frage des Todes zu einer Frage, die gegenwärtiges Leben angeht; und sie ist da gelöst, wo Jahwes helfende Gegenwart erfahren wird. Das Totenreich als solches jedoch wird kein Gegenstand wirklichen Interesses. Eine Jenseitshoffnung fehlt.

Freilich muß man beachten, daß das eine Feststellung ist, die wir treffen. Von unserem Denken aus müssen wir hier ein Vakuum in jener Vorstellung konstatieren. Israel empfand hier jedoch offenbar keinen Mangel. Wie kann man auch etwas als Mangel empfinden, was man nicht kennt, was gar nicht in den Horizont des eigenen Denkens rückt? Man muß das aber wohl noch schärfer sehen, um das Positive dieser (in unseren Augen begrenzten) Vorstellung zu würdigen. Wenn man alles hat, kommt der Gedanke an Mangel nicht auf. Israel hat aber in der Lebensgemeinschaft mit Jahwe alles. So gesehen erweist sich das, das wir als Mangel empfinden, gerade als Ausdruck von Reichtum. Hier wird ein Leben in grenzenlosem Vertrauen geführt; und die Frage mag mindestens erlaubt sein, ob der Mangel dann nicht gerade bei uns zu suchen ist.

Erst ganz am Rande des Alten Testaments und dann in der Zeit zwischen den Testamenten setzt sich langsam (durch Einflüsse von außen und durch Reflexionen) eine individuelle Zukunftshoffnung durch. Die ursprüngliche Anschauung von der Ganzheit wird in einen zunächst kosmologischen Dualismus hineingeführt. Ein Ende der Geschichte kommt in den Blick. Diese Welt geht dem Gericht entgegen und wird dann von einer neuen Welt abgelöst. Erst in diesem Zusammenhang taucht die Frage nach dem Schicksal der einzelnen Verstorbenen auf. Dan 12,1–2 (2. Jahrh. v. Chr.) heißt es: »Zu jener Zeit wird sich Michael erheben, der große Engelfürst, der deine Volksgenossen schützt. Es wird eine Zeit der Bedrängnis sein, wie es bis dahin keine gegeben hat, seit es Völker gibt. Zu jener Zeit werden von deinem Volk alle die gerettet werden, die sich im Buche aufgeschrieben finden. Und viele von denen, die im Erdenstaube schlafen, werden erwachen, die einen zu ewigem Leben, die anderen zur Schmach und zu ewiger Abscheu.«

Mit dieser jetzt herausgebildeten Vorstellung kann angeknüpft werden an die frühere Vorstellung von den Verstorbenen, die in der Totenwelt ein Schattendasein führen. Dabei spielt dann die Anthropologie eine Rolle. Man muß sich freilich hüten, sie mit der griechisch-hellenistischen zu verwechseln. Die Gefahr liegt deswegen nahe, weil die Formulierungen oft ähnlich klingen, aber doch etwas sehr anderes meinen. Man stößt da auf Begriffspaare wie Leib und Blut, Fleisch und Geist, Leib und Seele. Sie drücken aber keinen Dualismus aus. In der jüdischen Anthropologie wirkt nämlich die ursprüngliche Vorstellung von der Ganzheit (im Stamm und im Volk) nach. Am besten spricht man hier, wenn nicht gar von einem Monismus (um den Gegensatz zu der hellenistischen Auffassung zu akzentuieren), dann von einer Dichotomie, einer Zweigestaltigkeit, wobei aber darauf zu achten ist, daß es sich um ein Miteinander, ein Ineinander beider Gestalten handelt, auf keinen Fall aber um ein Gegeneinander. Wenn Gott nach 1 Mos 2,7 dem Erdenkloß seinen Odem einhaucht, wird der Mensch dadurch zu einem »Lebewesen«. Hier wird also nicht unterschieden zwischen Leib und Leben. Wenn Gott seinen Odem zurückzieht, fällt der Mensch in tote Stofflichkeit zurück (Ps 104,29 f.). Nach Dan 2,2 schläft dann diese Stofflichkeit im Erdenstaube, wird durch neue Belebung auferweckt. So ist der *ganze* Mensch belebte Schöpfung; und Leben gibt es nur im Leibe.

Von dieser jüdischen Anthropologie aus versteht man dann auch, warum Paulus sich die Existenz nach dem Tode nicht ohne Leib vorstellen kann. Ohne Leib wäre das, was der Grieche psyche nennt (»Seele«), nackt (vgl. 2 Kor 5,3). Paulus denkt hier eben jüdisch. Darum ist für ihn die Bestreitung der Auferstehung der Toten eine Bestreitung der Auferstehung überhaupt, d. h. Hoffnungslosigkeit. So kommt es zu dieser eigentümlichen Auseinandersetzung mit korinthischen Gnostikern, bei der sich beide Seiten wahrscheinlich deswegen nicht richtig verstehen, weil sie sich in ihrer jeweiligen Anthropologie unterscheiden.

Die jüdische ist, wie wir sagen würden, vergleichsweise massiv. Die Leiber stehen auf. In der Unterwelt haben sie ein unbestimmtes Leben geführt, oder aber sie haben eben »geschlafen«. Zur Auferstehung bläst Gott ihnen erneut seinen Odem ein. Darum kommen bei der Auferstehung dann auch die alten Leiber, die alten Körper, aus der Erde hervor, in ihrer alten Leiblichkeit. Ein Unterschied besteht nur insofern, als es nun gesunde Leiber sind. Was man im Judentum von der Endzeit erwartete, klingt Mt 11,5 an: Lahme gehen wieder, Taube hören wieder, Blinde sehen wieder usw.

Für die griechisch-hellenistische Anthropologie ist das eine unmögliche Vorstellung, weil sie ja gerade (um der Erlösung der Seele willen) den Leib verachten muß. Ihr liegt an der Vernichtung des Leibes, weil nur das Hoffnung für die Seele bedeutet. Die jüdische Anthropologie muß dagegen darauf drängen, daß die Leiber aus den Gräbern hervorkommen, weil es Leben nur im Leibe, im Körper gibt. So scheint der Streit in der Tat unversöhnlich zu sein. Gibt es dennoch irgendwie einen Konsensus?

Ich will versuchen, diese Frage zu beantworten, indem ich noch einmal von unserem Thema ausgehe: Wie kann man heute von Auferstehung der Toten reden? Ich denke, dann wird vollends deutlich, daß hier wirklich ein Sprachproblem vorliegt.

Die hellenistische Antwort lautet: Nur so, daß man die Zukunftshoffnung für den Körper aufgibt. Die jüdische Antwort lautet: Nur bei Bejahung einer körperlichen Auferstehung läßt sich Zukunftshoffnung durchhalten.

Nun ist Ihnen bei dem eben Gesagten vielleicht eines aufgefallen. So unvereinbar die Antworten klingen, ist doch in beiden Fällen von Zukunftshoffnung die Rede. Daran sind also beide interessiert. Nur drükken sie ihre Zukunftshoffnung je unterschiedlich aus; und der Unterschied liegt in den Anthropologien. Man *hätte* also zu dem Ergebnis kommen können: In der *Sache* sind wir einig; im *Ausdruck* der Sache sind wir abhängig von uns jeweils mitgegebenen unterschiedlichen Vorstellungen. Aber eine so differenzierende Betrachtungsweise war den Menschen damals noch fremd. Uns ist sie eigentlich auch erst seit der Aufklärung geläufig.

II.

Nach dem bisher Ausgeführten, müßte man nun mehrere Fragen stellen.

a) Haben wir eine Anthropologie zur Verfügung, in der wir die eigentlich gemeinte *Sache* zum Ausdruck bringen können?

b) Kann man überhaupt die damals gemeinte Sache so in unsere Gegenwart *übertragen*, daß sie uns eine Wirklichkeit werden kann; und wie könnte diese Übertragung geschehen?

c) Wie *begründet* sich uns die Gewißheit einer Zukunftshoffnung?

Ich gehe nacheinander auf diese Fragen ein.

a) Haben wir eine Anthropologie zur Verfügung, in der wir die eigentlich gemeinte Sache zum Ausdruck bringen können? Diese Frage wird man vermutlich mit nein beantworten müssen. Man hat (zumindest in christlicher Tradition) im Blick auf unser Problem meist folgendes getan: Man hat sich ausgewählte Bibelstellen herausgegriffen, dabei gar nicht gefragt, ob hinter ihnen eine griechisch-hellenistische oder eine jüdische Anthropologie steht. Diese Stellen hat man miteinander verbunden und sie unter Hinweis darauf, daß die doch in der Bibel stehen, als biblische »Begründungen« für Aussagen benutzt. Das ist natürlich ein höchst problematisches Unternehmen. Was dabei herauskommen kann, mag uns der Choral »Herzlich lieb hab ich dich, o Herr« von Martin Schalling (1569) zeigen. Die dritte Strophe beginnt:

»Ach Herr, laß dein lieb Engelein/ an meinem End die Seele mein/ in Abrahams Schoß tragen./ Der Leib in seim Schlafkämmerlein/ gar sanft ohn einge Qual und Pein/ ruh bis zum jüngsten Tage...« Unschwer ist zu erkennen: Hier ist eine dualistische Anthropologie vorausgesetzt. Beim Tode verläßt die Seele den Leib und kommt in Abrahams Schoß, also in den Himmel. Der Leib dagegen wird zur Ruhe in sein Schlafkämmerlein gelegt. – Doch dann geht es weiter. Vom jüngsten Tage heißt es nun:

»Alsdann vom Tod erwecke *mich*, / daß meine Augen sehen dich / in aller Freud, o Gottes Sohn...«

Hier begegnen wir nun der jüdischen Anthropologie, die vorher freilich schon vorbereitet war. Man muß doch fragen, wer dieses Ich ist, das vom Tode erweckt wird. Ganz sicher ist der Leib gemeint, da die Seele bereits vom Tode an in Abrahams Schoß war und dort doch irgendwie als lebendig zu denken ist. — Man könnte weitere Fragen stellen und käme immer zu dem Ergebnis, daß der Choraldichter die Anthropologie nicht wirklich reflektiert hat, sich darum in seinen Aussagen widerspricht. Man sollte ihm keinen Vorwurf daraus machen. Er will ja in seinem wirklich herrlichen Choral sein grenzenloses Gottvertrauen zum Ausdruck bringen, nicht aber über eine Anthropologie belehren. Nur von unserer Themafrage aus können wir nicht auf Klarheit in der Anthropologie verzichten. Das allein ist der Grund, warum wir uns an dieser Stelle mit seinen Ausführungen nicht zufriedengeben können. Ob und wie (u. U. auch) die Bibel helfen kann, eine für uns akzeptable Anthropologie zu entwickeln, will ich hier nicht untersuchen. Ganz sicher ist nur, daß das durch Harmonisierung der in der Bibel begegnenden Anthropologien nicht gelingt.

Dennoch müssen wir, meine ich, eine Ausgrenzung vornehmen. Die jüdische Anthropologie werden wir, wie sie ist, nicht übernehmen können. Das gebietet schlichte Redlichkeit. Dabei befinden wir uns sogar noch in guter Gesellschaft. Paulus war auch nicht in der Lage, die jüdische Anthropologie wirklich durchzuhalten, wie seine Argumentation 1 Kor. 15 zeigt. Zwar wendet er sich gegen die Behauptung, es gebe keine Auferstehung der Toten (V. 12), stellt dann jedoch selbst die Frage, mit welchem Leibe die Toten auferstehen werden (V. 35). Darauf weiß er aber keine andere Antwort als die: in einem ganz anderen (V. 36–49). Damit ist aber die vorgegebene jüdische Anthropologie gesprengt, denn *sie* weiß ja eine Antwort.

Die jüdische Anthropologie ist aber auch nicht zu halten. Um der Sache willen muß ich hier ein wenig kraß reden. Was wird aus den Milliarden von Gottes Odem verlassenen Leibern, die zum Beispiel auf Friedhöfen beigesetzt wurden, die nicht mehr bestehen, Ackerland wurden, das Ähren hervorbrachte, die nun ein Teil meines Körpers sind? Man kann natürlich darauf antworten: Bei Gott ist kein Ding unmöglich. Ich will das nicht bestreiten; aber als Argument ist das hier doch völlig unbrauchbar. Dieses Problem ist ja auch erst dadurch entstanden, daß man im Rahmen dieser jüdischen Anthropologie weiter gedacht hat. Sie setzt eine Naivität voraus, die wir verloren haben und nicht zurückgewinnen werden.

So können wir heute von Auferstehung der Toten in keinem Fall mehr in dem Sinne sprechen, wie sie uns aus der jüdischen Anthropologie bekannt, möglicherweise sogar vertraut ist. Sollte in der Frage unseres Themas *diese* Auferstehung gemeint sein, dann können wir heute überhaupt nicht mehr davon reden.

Das heißt indes noch nicht, daß damit auch schon die *Sache* preisgegeben wäre, die sich in der Auferstehungshoffnung ausdrückt. – Damit komme ich zum nächsten Punkt.

b) Kann man überhaupt die damals gemeinte Sache so in unsere Gegenwart *übertragen*, daß sie uns eine Wirklichkeit werden kann; und wie könnte diese Übertragung geschehen?

Christen, die ihre Zukunftshoffnung mit Hilfe einer Vorstellung ausdrücken, orientieren sich vermutlich in den meisten Fällen an der griechisch-hellenistischen Anthropologie. Wer sich an christliche Formeln gebunden weiß, tut das oft mit ein wenig schlechtem Gewissen, zumindest tat er das, solange noch die ältere Formulierung des apostolischen Glaubensbekenntnisses in Gebrauch war, wo am Ende von der Auferstehung des Fleisches gesprochen wurde. Diese Übersetzung war einigermaßen korrekt, wirkte aber natürlich sehr massiv. Mancher formulierte darum (zumindest für sich selbst) Leib statt Fleisch, obwohl auch Leib ein ziemlich unklarer Begriff ist. Heute ist nun im offiziellen deutschen Text des Glaubensbekenntnisses von der Auferstehung der Toten die Rede. Das mag einerseits als Erleichterung empfunden werden, da man das, wenn überhaupt, mit sehr viel weniger Bedenken mitsprechen kann. Andererseits bedeutet das aber doch, daß die Vorstellung selbst ganz offenbleibt, denn über das Wie der Existenz nach dem Tode kann oder will man offenbar nichts sagen, weil das nach Lage der Dinge nicht möglich ist. Wieder kann man darauf hinweisen, daß wir damit ganz nahe bei Paulus stehen, denn ihm gelang das auch nicht. Doch meine ich, es lohnt sich nicht, alte anthropologische Vorstellungen gegeneinander auszuspielen. Bei unserem Problem kommen wir auf diesem Wege nicht weiter.

Wenn wir dann aber festgestellt haben, daß Zukunftshoffnung der Oberbegriff ist, Auferstehungshoffnung und Hoffnung auf die Himmelfahrt der Seele Unterbegriffe sind, müssen wir uns an den Oberbegriff halten. Dabei verwandelt sich unsere Themafrage dann jedoch ein klein wenig. Sie lautet jetzt: Wie kann man heute über Zukunftshoffnung sprechen? Und dann muß man unterscheiden, wie man das kann und ob man das kann.

Für die Frage nach dem Wie lautet die Antwort: Man kann es auf mannigfache Weise. Man kann alte Bilder aufgreifen, kann sie modifizieren, kann aber auch ganz auf Bilder verzichten und die jeweils eigene Anthropologie zu Hilfe nehmen. Nur muß man sich, wenn man Bilder benutzt, darüber klar bleiben, daß es eben Bilder sind. Dabei riskiert man, daß man falsch verstanden wird, denn für andere sind diese Bilder ja oft mit der Sache identisch. Und wenn man sich an eine bestimmte Anthropologie hält, kann man erleben, daß ein anderer sie nicht teilt. Dann erlebt der Streit um die Anthropologie eine Neuauflage.

Mit alldem ist jetzt nur so viel gesagt: Der recht abstrakte Begriff einer Zukunftshoffnung läßt sich sicher mannigfach konkretisieren. Nur kann mit einer Vorstellung (welche immer wir übernehmen wollen) niemals über die Frage nach der Gewißheit entschieden werden.

Darum nun:

c) Wie *begründet* sich uns die Gewißheit einer Zukunftshoffnung? Zur Beantwortung dieser Frage setzt man unter Christen im allgemeinen bei der Auferstehung Jesu ein. Wahrscheinlich haben die meisten von Ihnen erwartet, daß ich das auch tun würde. Ich habe jedoch bewußt mit dem Sachproblem begonnen, weil ich der Überzeugung bin, daß wir auf anderem Wege nicht weit gekommen wären.

Dabei denke ich nicht so sehr daran, daß ich mich zunächst einmal mit dem Streit hätte auseinandersetzen müssen, der in jüngster Vergangenheit eine lebhafte Diskussion ausgelöst hat: Ist die Auferstehung Jesu wirklich passiert? Wie ist sie passiert? Was soll mit dem gesagt werden, was damals passiert ist? Diese Diskussion hat ja keineswegs zu einem alle überzeugenden Ergebnis geführt; und im Augenblick scheint sie unter Ermüdungserscheinungen zu leiden. Einige von Ihnen werden wissen, daß ich hier selbst Stellung genommen habe in meinem Buch »Die Auferstehung Jesu von Nazareth«. (Dort wird übrigens im letzten Kapitel auch unser engeres Problem behandelt). Aber kann ich meine (umstrittene) Auffassung von der Auferstehung Jesu zur Grundlage machen für die Gewißheit der Auferstehung der Toten? Hätte ich sie zunächst dargestellt und hätten Sie der nicht zustimmen können, dann hätten Sie die Folgerungen daraus ebenso ablehnen müssen. Jede Auffassung über die Auferstehung Jesu kann diskutiert und in der Diskussion modifiziert werden. Mit Glauben hat das gar nichts zu tun, sondern das ist ausschließlich eine Frage des Sachverstandes. Die Zukunftshoffnung ist aber eine Frage des Glaubens; und die Gewißheit des Glaubens entzieht sich jeder Diskussion. Darum bin ich davon überzeugt, daß keine Auffassung über das umstrittene Problem, was damals geschehen ist, heutige Gewißheit von Zukunftshoffnung begründen kann.

Das ist nicht einmal der Fall, wenn man sich jenes Geschehen so »massiv« wie nur denkbar vorstellt. Denn selbst dann muß man sofort zugeben: Daß einer (einmal in der Vergangenheit) auferstanden ist, begründet doch nicht, daß alle auferstehen werden. Daraus kann man doch bestenfalls nur schließen, daß Auferstehung möglich ist. Eine Möglichkeit begründet aber keine Gewißheit.

Gewißheit gibt es eben nur im Glauben. Dabei ist dieses »nur« nicht etwa Ausdruck einer Resignation (etwa in dem Sinn: Glauben ist weniger als Wissen), sondern das »nur« drückt aus, daß es sich hier um eine ganz andere Ebene handelt, auf der allein sinnvoll über Zukunftshoffnung gesprochen werden kann. Dabei darf man dann allerdings nicht einem verbreiteten Denkfehler verfallen.

Glaube drückt immer gegenwärtige, unmittelbare Betroffenheit aus. Eine damals geschehene Auferstehung Jesu betrifft mich aber niemals unmittelbar. Darüber kann ich lediglich informiert werden. Es ist zuzugeben, daß heute unterschiedliche Informationen über die Auferstehung Jesu umlaufen. Welche ich für richtig halte, ist jedoch niemals eine Frage meines Glaubens, sondern eine Frage meines Urteils auf Grund kritischer Kontrolle der verschiedenen Auffassungen durch methodisch zu verantwortende Befragung der überlieferten Texte. Hier kommt es darauf an, daß ich meinen Verstand richtig gebrauche. Wenn es aber Gewißheit nur im Glauben gibt, muß man anders einsetzen. Dabei ist durchaus eine Orientierung an Jesus möglich, nur nicht isoliert an einem wie immer verstandenen Geschehen-Sein seiner Auferstehung. Ich will das verdeutlichen und kann auch dabei durchaus an Vorstellungen anknüpfen, die Jesus mit seinen Zeitgenossen teilte und von denen wir sagen müssen, daß sie zeitbedingt waren.

Jesus rechnete damit, daß die Zeit dieser Welt bald zu Ende sein und daß dann der neue Äon einbrechen würde, das Reich Gottes, das Reich des immerwährenden Friedens und der Gerechtigkeit, das er sich im Bilde vom großen Mahl am Tische Gottes vorstellen konnte. Hier dachte er gar nicht anders als viele Menschen seiner Umgebung auch. Und er rechnete dann gleichfalls damit, daß Verstorbene durch die Auferstehung und durch das Gericht hindurch in dieses Gottesreich gelangen würden.

Nun macht man aber einen Fehler, wenn man meint, man müsse diese Vorstellungen übernehmen, weil es nun einmal die Vorstellungen Jesu waren. Sie sind bei ihm überhaupt nichts Besonderes, können darum auch gar nichts begründen. Wir könnten über sie informiert sein, ohne daß Jesus je gelebt hätte, und würden sie dann genauso kritisch beurteilen, wie wir alle zeitbedingten alten Vorstellungen kritisch beurteilen. Das Besondere Jesu liegt nun aber darin, daß er die Vorstellungen in eine Einstellung verwandelte. Genau diesen Punkt müssen wir jetzt anvisieren.

Die Umgebung Jesu rechnete damit, daß nach der Äonenwende Gott mit seinem Reich kommen wird, vielleicht schon bald, denn auch eine Naherwartung des Endes dieser Welt begegnet mehrfach im zeitgenössischen Judentum. Doch auch bei solcher Naherwartung blieb Gott im Abstand, wenn auch in einem noch so kleinen. In dieser verbleibenden Zeitspanne war der Mensch auf sich selbst gestellt, war er an das Gesetz gewiesen, mußte er es halten, um im kommenden Gericht bestehen zu können. Insofern hatte der Mensch jetzt für seine Zukunft selbst zu sorgen.

Jesus mutete den Menschen nun zu, diese Zeitspanne zu ignorieren und jetzt – gegen allen Augenschein – mit der Gegenwart Gottes und seines Reiches zu rechnen. Er mutete den Menschen zu, sich jetzt von Gott betreffen, sich jetzt auf ihn und sein Reich einzulassen – so wie er selbst es tat und lebte. Genau das heißt bei Jesus »glauben«. Glauben ist also nicht, der Überzeugung sein, daß Gott bald kommt und daß es dann eine Auferstehung der Toten und für die Gerechten den Eingang ins Reich gibt. Glauben heißt vielmehr, jetzt mit Gott rechnen, heißt darum, inmitten dieser vergehenden Welt als einer leben, der es wagt, schon zu Hause zu sein.

Damit verwandelt sich dann aber sofort das Bild, das man von Gott hat. Er ist nicht der Gesetzgeber, vor dem die Menschen zittern müssen, um durch strikte Befolgung seiner Anordnungen sein Wohlwollen zu erwerben. Sondern er ist zunächst einmal der Vater. Der Vater verlangt nicht die Befolgung von Vorschriften, weil er anders seine Kinder nicht lieben kann, sondern der Vater liebt seine Kinder ohne Vorleistung – und freut sich dann, wenn sie diese Liebe in ihrem Leben verwirklichen. Diese Verwirklichung der Liebe Gottes im Leben des Menschen nennt man in theologischer Fachsprache eschatologisches Tun. Ich erkläre das Fremdwort. Die Eschata sind die letzten Dinge, also das, was nach der Äonenwende kommt. Das Entscheidende bei Jesus ist, daß er diese letzten Dinge vorausnimmt und Menschen zumutet, das auch zu tun. So ist das Tun, das jetzt getan wird, end-gültiges Tun, ein Tun, das auch am Ende noch gilt, ein Tun, das an sich ausstehende Zukunft in diese unsere Welt hineinbringt.

Jetzt braucht man sich nur einmal die Vorstellungen auszumalen, die man sich von der kommenden Gemeinschaft mit Gott macht, wie es an seinem Tisch zugeht. Man darf das dann aber nicht als Vorstellung im Abstand von sich halten, sondern es gilt, sich jetzt darauf einzulassen. Bei Jesus sah das so aus: Er hat den Menschen die Vergebung im Namen Gottes zugesprochen (auf die man ja eigentlich erst beim kommenden Gericht wartete); und dann hat er ihnen zugemutet, sich darauf einzulassen, die Sorge um den kommenden Tag wirklich Sorge des kommenden Tages sein zu lassen. Er hat ihnen zugemutet, ganz für den Nächsten dazusein, ohne das an irgendwelche Bedingungen zu knüpfen, denn Gott stellt ja dem Menschen selbst auch keine Bedingungen für seine Gemeinschaft mit ihm. So hat Jesus den Menschen dann zugemutet, auch dort für den Frieden einzutreten, wo das (menschlich kalkuliert) gefährlich ist, weil das Verzicht auf eigenes Recht bedeuten kann. Aber für den Vater ist es ja (menschlich gesprochen) auch gefährlich, seinen Kindern Vater zu sein, ohne zuerst auf die Rechte des Vaters zu pochen. Und dann hat Jesus den Menschen verheißen, daß sie im Tun solcher Zumutungen das wahre Leben, das Leben mit Gott finden würden. Man kann hier ja leicht einen ganzen Katalog weiterer Beispiele hinzufügen. Entscheidend bleibt immer: Gott kommt nicht erst später (wenngleich dieser Satz natürlich auch nicht schlicht falsch ist), sondern der Ton liegt darauf: Gott ist schon in diesem Leben dabei, soweit dieses Leben eschatologisches Leben ist, soweit in diesem Leben das getan wird, was in der Vorstellung eigentlich dem Ende vorbehalten blieb. Der kommende Gott ist also ein gegenwärtiger Gott.

Es wäre natürlich sinnlos, wenn ich nun behaupten wollte, man müsse sich jetzt nur richtig anstrengen, müsse das alles tun, dann würde es mit der Gegenwart Gottes schon klappen. Man kann schändlich dabei hereinfallen, wenn man um irgendeines Prinzips Liebe willen auf sein Recht verzichtet. Aber es *kann* eben auch geschehen, daß man selbst bei diesem Hereinfall erfährt: Gott war *doch* dabei. Man muß nur sehen, daß das Tun der Zumutungen Jesu immer ein Wagnis ist, wie auch der Glaube stets ein Wagnis ist. Für ein Wagnis gibt es keine Garantien im voraus. Wer an Wundern und Zeichen klebt, wer eine geschehene Auferstehung Jesu erst dingfest machen will und meint, nur dann glauben zu können, der will seinen Glauben sichern – und eben- damit verdirbt er den Glauben. In Wahrheit ist das nämlich gerade Verweigerung des Glaubens. Ich verweise nur auf das Wort Jesu an Thomas, der meinte, erst dann glauben zu können, wenn er den Auf- erstandenen betastet hatte und damit eine gleichsam objektive Gewiß- heit in Händen hielt. Genau das aber wird als Unglaube entlarvt, denn Jesus sagt: Selig sind, die nicht sehen und doch glauben (Joh 20,29).

Wo jedoch auf Jesu Wort hin Glaube gewagt wird, kann Heils-Zukunft in der Gegenwart erfahren werden. Wer das dann aber wagt und im- mer wieder wagt, kann dabei erfahren, daß er auf dem Wege durch *dieses* Leben *zum* Leben ist, weil das wahre Leben hier schon beginnt. Der glaubt dann dem Tod nicht mehr, daß er der Herr sei, weil er im Anbruch jetzt schon lebt (und *so* lebend erlebt), was er eigentlich erst von einer Zukunft erwartete. *Diese* Erwartung war freilich immer un- gewiß. Gegenwärtige *Erfahrung* aber macht gewiß.

III.

Wir hatten die Frage unseres Themas so umformuliert: Wie kann man eine Zukunftshoffnung heute noch glauben? Ich möchte jetzt darauf antworten: indem man sie lebt, indem man eschatologisch lebt, indem man es wagt, Gottes endzeitliche Vollkommenheit im eigenen Leben durchbrechen zu lassen. In einer Examenspredigt habe ich einmal etwa folgenden Gedankengang gelesen: Wenn ich in meinem Tun erfahre, daß Gott mich *hier* angenommen hat, dann will ich meine Zukunft ge- trost seine Sache sein lassen. – Ich meine, daß das die christliche Ant- wort auf die Frage unseres Themas ist.

Eine Vorstellung davon, wie es nach dem Tode sein wird, habe ich nicht. Wenn ich heute von Auferstehung rede, dann heißt das für mich, daß ich deswegen mit der Treue Gottes rechne, auch über mein irdi- sches Leben hinaus, weil ich diese Treue dort in meinem irdischen Le- ben erfahren habe, wo ich es gewagt habe, mich auf ihn einzulassen.

Dabei ist dann sehr wohl noch eines zu bedenken. Unsere christliche Existenz ist hier auf dieser Erde immer eine gebrochene. Sie fängt nicht einmal plötzlich an und begleitet uns dann unser ganzes Leben hindurch mit sicherer Gleichmäßigkeit. In einem Bilde könnte man das vielleicht so ausdrücken: Die Erfahrungen der Gegenwart Gottes sind wie Perlen, die auf einen Faden gezogen sind. Die Entfernung zwischen diesen Perlen ist unterschiedlich. Dazwischen gibt es durchaus Zeiten ohne Gott. In solchen Zeiten aber wird die Frage nach der Zukunft besonders brennend. Wenn ich jedoch (um im Bilde zu bleiben) wieder bei einer Perle angelangt bin, wenn ich mich auf die Zumutungen Jesu einlasse, hier und dort immer wieder ein Stück Verwirklichung der Verheißung erfahre, dann stelle ich die Frage nach meiner Zukunft gar nicht mehr, denn dann werde ich meiner Zukunft immer neu gewiß.

Darum meine ich, es gehört zum Glauben, daß ich die Frage unseres Themas vergesse. Ich kann sie nicht permanent vergessen, weil ich nicht permanent glaube. Wenn ich aber glaube, dann lebe ich im Vertrauen. Wenn dann dürre Zeiten kommen, wenn das Vertrauen ins Wanken gerät, dann kann ich mich daran erinnern, daß ich einmal (oder mehrfach) früher in diesem glaubenden Vertrauen gelebt habe; und ich kann hoffen, daß es wiederkommt.

Wie kann man heute noch von Auferstehung der Toten reden? Ich denke, Sie verstehen jetzt meine Antwort: am besten überhaupt nicht, weil das grübelnde und quälende Bemühen um eine Antwort, weil die Fixierung auf diesen einen Punkt mich blind machen kann, mir das Tun des Glaubens oder das Tun aus Glauben in der Gegenwart erschwert und mich dann hindert, neu in das Vertrauen hineinzufinden.

Geben wir darum die Frage nach der Auferstehung der Toten auf, und rechnen wir mit Gottes Angebot seiner Gegenwart. Lassen wir uns mit Jesus darauf ein. Dann stellt sich uns diese Frage gar nicht. Dann gilt, was der johanneische Christus sagt: Wer an mich glaubt, der *hat* das ewige Leben (6,47). Er hat den Anbruch des neuen Lebens jetzt schon. Weil er aber den Anbruch hat, ist er der Vollendung gewiß.

8. Glauben und Denken

Haben diese beiden Begriffe überhaupt etwas miteinander zu tun? Manch einer wird das vielleicht von vornherein bestreiten. Auch dann wäre es noch nicht sinnlos, über dieses Thema zu reden, denn dann müßte man eben zeigen, warum man Glauben und Denken nicht miteinander in Verbindung bringen kann und darum auch nicht darf. Nun wird aber ein anderer gerade behaupten, daß die Beziehung von Glauben und Denken auf jeden Fall gewahrt werden muß. Wir haben es hier mit einem Problem zu tun, das im Laufe der langen Kirchen- und Dogmengeschichte oft verhandelt worden ist. Dabei hat man sehr unterschiedliche Antworten gegeben. Doch will ich diese historische Frage auf sich beruhen lassen und mich gleich der Gegenwart zuwenden. Sehen wir uns einmal einige Argumente an, die man in diesem Zusammenhang vorbringt.

Da wird einer etwa sagen, daß Glaube eine Sache des Herzens sei. Darum wird der Glaube gerade gefährdet, wenn er mit Hilfe des Kopfes das Bündnis mit dem Denken eingeht. Er bleibt dann in Wahrheit kein Glaube mehr. Durch Einbeziehung des Denkens wird er intellektualisiert. Diese Gefahr empfindet man gerade heute als sehr groß. Man kann dann sogar den Vorwurf hören, daß der, der auch beim Glauben nicht auf das Denken verzichten will, damit zeige, daß er den Glauben im Grunde überhaupt verweigere. Das alles leuchtet einem anderen gar nicht ein. Er versteht sich als denkender Mensch; ja das Denken gehört zu seinem Mensch-Sein einfach dazu. Darum will er nicht darauf verzichten, auch beim Glauben nicht. Müßte er das, würde er es als Zwang verstehen, schizophren zu existieren: einmal in der Welt des Glaubens, das andere Mal (fein säuberlich davon getrennt) in der Welt des Denkens. Das kann er nicht, und das will er darum auch nicht. Er will verstehen, was er glaubt; und ohne Denken ist das nicht möglich. Nun kann man, meine ich, nicht bestreiten, daß von beiden Seiten Argumente vorgebracht werden, die plausibel klingen, obwohl die Ergebnisse doch unvereinbar zu sein scheinen. Woran liegt das? Ich meine daran, daß man die Begriffe zu schnell gebraucht, damit umgeht und argumentiert, wohl auch schon miteinander streitet, bevor man geklärt hat, was man mit diesen Begriffen eigentlich meint. Wenn man aber mit einem Begriff nicht mehr dasselbe verbindet, was ein anderer mit eben demselben Begriff verbindet, dann redet man zwangsläufig aneinander vorbei. Leider ist das heute sehr oft der Fall; und mancher Streit (auch innerhalb der Christenheit) hat gerade darin seine Ursache. Die Verantwortung für unser Reden beginnt also nicht erst da, wo wir Argumente vorbringen, sondern schon viel früher. Wir müssen uns und anderen Rechenschaft darüber ablegen, was wir meinen, wenn wir bestimmte Begriffe benutzen. Das heißt aber: Wir müssen unsere Sprache bedenken.

Da nun von beiden Begriffen unseres Themas sicher der des Glaubens am unklarsten ist, setzen wir hier ein. Wir sprechen zum Beispiel vom Glauben, wenn wir eine Vermutung ausdrücken wollen, die wir nicht sicher begründen können. Etwa: »Ich glaube, daß morgen gutes Wetter wird«; oder: »Ich glaube, daß ich dir das Buch geliehen habe.« Das, worauf sich unser Glaube hier richtet, entzieht sich unserem klaren Wissen. Glaube steht also in einem bestimmten Gegensatz zum Wissen. Wir sagen darum: Das wissen wir nicht, das können wir *nur* glauben. – Nun kann es ja doch sein, daß wir etwa durch Denken oder Nachdenken unser Wissen vergrößern. In demselben Maße aber, wie das gelingt, werden wir sicherer. Dabei hilft jedoch unser Denken nicht etwa dem Glauben; sondern in diesem Fall ist es so, daß unser Denken, wenn es Erfolg hat, gerade den Glauben überflüssig macht. Das (bloße) Glauben wird dann durch Wissen ersetzt. Bei all diesen Beispielen richtet sich unser Glaube auf Sachverhalte, Ereignisse, Geschehnisse oder dergleichen, und er hat immer ein negatives Vorzeichen.

Nun können wir aber den Begriff Glauben auch durchaus positiv verwenden, wenn wir damit zum Beispiel ein festes Vertrauen ausdrücken wollen; etwa: »Ich glaube, daß du mir die Wahrheit gesagt hast.« Natürlich können wir den Inhalt der Ausage des anderen nicht selbst bezeugen, denn ein unmittelbares Wissen davon haben wir nicht. Aber wir glauben *ihm*. Das ist das erste. Doch weil wir *ihm* glauben, *darum* glauben wir auch, daß er uns die Wahrheit gesagt hat. Deutlich ist, daß in diesem Fall Glaube personal bezogen ist. Er drückt ein bestimmtes Verhältnis zwischen zwei Menschen aus, das man wagt. Dieser Glaube ist dann kein Ersatz für fehlendes Wissen, sondern, wie gesagt, Ausdruck sicheren Vertrauens. Hier kann Denken den Glauben nicht überflüssig machen. Er muß einfach gewagt werden. Wollte man hier im voraus die Sicherheit des Wissens haben (etwa vom Inhalt der Aussage des anderen), dann wäre das schon gleichbedeutend mit Verweigerung des Glaubens.

Gehen wir jetzt von diesen allgemeinen Beispielen einen Schritt weiter und fragen wir: Welcher Art ist nun das, was wir christlichen Glauben nennen? Richtet er sich auf Sachverhalte, oder ist es personal bezogener Glaube?

Zunächst müssen wir wohl sagen, daß es um das zweite geht. Das kann man schon daran erkennen, daß die Zentralaussage christlichen Glaubens lautet: »Ich glaube an Jesus, den Christus.« Dieser Glaube drückt also eine personale Bindung aus. Wer ihn bekennt, sagt damit: Ich vertraue Jesus; ich lasse mich auf ihn ein; ich bin durch ihn gehalten.

Nun kann man diesen Satz aber auch ein wenig anders formulieren. Statt: »Ich glaube an Jesus den Christus« könnte man sagen: »Ich glaube, daß Jesus der Christus ist.« Wahrscheinlich empfinden viele hier kaum einen Unterschied; und doch liegt einer vor. Denn wenn ich sage: »Ich glaube, daß Jesus der Christus ist«, dann bezieht sich dieser Glaube auf einen Sachverhalt; dann glaube ich, daß Jesus einen bestimmten Titel trägt, eine bestimmte Qualität hat, wovon ich aber unmittelbar nichts wissen kann, was mir also gesagt werden muß, damit ich informiert bin. Bin ich aber sachgemäß informiert, dann brauche ich den Satz nicht mehr zu *glauben*, denn dann weiß ich eben Bescheid.

Vielleicht wird das Gesagte noch deutlicher, wenn ich nun frage: In welchem dieser beiden Sätze bin ich eigentlich gefordert, wird von mir Glauben im Sinne von Vertrauen verlangt? Das ist doch unmittelbar nur der Fall, wenn ich sage: »Ich glaube an Jesus den Christus.« Wenn ich aber sage: »Ich glaube, daß Jesus der Christus ist«, dann glaube ich zunächst einmal dem, der mir das gesagt, der mich informiert hat. Wenn ich *ihm* das aber glaube, dann kann es (in einem zweiten Schritt) dazu kommen, daß ich nun an Jesus den Christus glaube. Das wollte der, der mir das gesagt hat, ja auch erreichen; aber es muß nicht dazu kommen, daß er das erreicht. Ich könnte auch antworten: »Was sagt mir das schon, daß Jesus der Christus ist? Das ist ja die griechische Übersetzung eines jüdischen Titels, nämlich Messias. Ich kann dir das zwar glauben, aber wieso tangiert mich das?«

Wir können also sagen, daß christlicher Glaube immer auf eine Betroffenheit aus ist. Sie kann unmittelbar bekannt werden; aber sie kommt zustande durch eine Information, die mir mitgeteilt werden muß. Ich muß also ein Wissen haben, wenn ich glauben soll. Dieses Wissen kann ich nicht unmittelbar erwerben, denn niemand von uns steht vor Jesus, daß er dann unmittelbar sagen könnte: »Ich glaube dir«; sondern Jesus begegnet uns immer vermittelt – nämlich durch das Wort. Das ist zunächst immer das Wort eines anderen. Ihm glaube ich. Glaube ich damit aber an Jesus? Nur wer das bekennt, kann doch von sich sagen, er sei Christ.

Jetzt muß man sehen, daß diese Art, von Glauben zu reden (also Glaube als Vertrauen), nichts spezifisch Christliches ist. Wahrscheinlich könnte man zeigen, daß es überhaupt keinen Menschen gibt, der nicht in dieser Weise glaubt, der also in irgend etwas sein Vertrauen setzt. Im extremen Fall kann man an sich selbst glauben, an seine eigene Leistung, seine Tüchtigkeit. Auf sie läßt man sich ein, das heißt, von ihr läßt man sein Tun bestimmen. Man kann aber auch auf das Geld vertrauen, auf sein Fortkommen, auf den Erfolg; man kann sich auf eine Weltanschauung einlassen, auf eine Idee oder Ideologie. Das alles sind dann im Grunde keine Begriffe, Dinge oder Sachen mehr, sondern hier handelt es sich um Mächte, denen wir uns (bewußt oder unbewußt) ausliefern, an denen unser Herz hängt, denen wir also glauben. Luther hat das einmal sehr treffend so formuliert: »Woran du dein Herz hängst, das ist dein Gott.« Nun gibt es in der Tat sehr viele Götter; und dieses glaubende Vertrauen hat auch dann den Charakter eines personalen Bezugs, wenn die Götter selbst gar keine »Personen« sind. Es sind Mächte, die uns bestimmen, in deren Dienst wir uns begeben haben – und denen wir dann verantwortlich sind. Denn wenn ich mein Herz an Geld hänge, handle ich meinem Gott gegenüber unverantwortlich, wenn ich zum Beispiel mein Vermögen verschenke. Wahrscheinlich würde ich das dann auch gar nicht tun. Tue ich es aber doch, zeige ich damit, daß ich meinem Gott untreu geworden bin, ihm also nicht mehr glaube.

Daraus folgt dann aber, daß es gar nichts Besonderes ist, wenn ich von einem Menschen sage, er sei ein gläubiger Mensch. Damit wird ja doch nur ausgedrückt, daß er ein Mensch ist, der in einer Bindung steht und diese Bindung entweder ausdrücklich oder aber faktisch bejaht. Entscheidend ist also nicht einfach das Glauben, sondern entscheidend ist, daß wir sehen: Das Glauben bezeichnet eine Relation. Auf der einen Seite stehe ich. Wer steht auf der anderen? An wen bin ich in meinem Glauben gebunden?

Ich sagte eben, daß ich mich immer einer Macht (also meinem Gott) ausliefere, daß das aber unbewußt oder bewußt geschehen kann. Wenn wir nun einmal anfangen, darüber nachzudenken, werden wir schnell feststellen, daß wir sehr viel mehr unbewußte Bindungen eingegangen sind und immer wieder eingehen als bewußte. Die überfallen uns einfach. Wir denken nicht darüber nach. Doch wenn wir jetzt auf das Denken verzichten, dann werden wir bald zu einem Spielball unkontrollierter Mächte.

Ich meine, von hier aus wird deutlich, daß unser Glaube, wollen wir nicht zu einem solchen Spielball werden, einfach das Denken fordert. Er fordert nämlich das Nachdenken über unseren Gott, an dem unser Glaube orientiert ist. Lohnt es sich, in dieser Bindung zu bleiben? Hilft dieser Gott uns wirklich? Wenn wir meinen, daß er hilft, daß es sich lohnt, an diesem Gott zu hängen, dann müssen wir darüber nachdenken, wie wir unseren Glauben noch konsequenter leben können. Wenn er aber nicht hilft – können wir dann von diesem Gott loskommen? Der Glaube mag ohne Denken zustande gekommen sein; wenn wir dann aber in diesem Glauben nicht unbeteiligt sein wollen, dann sind wir einfach zum Denken aufgerufen, denn das Denken kontrolliert unseren Glauben und gibt uns überhaupt erst die Möglichkeit, ihn zu verantworten. Das gilt, wie ich zu zeigen versuchte, schon ganz allgemein vom Glauben in dem eben skizzierten Bereich. Gilt das aber auch vom Glauben, den wir den christlichen nennen?

Im Johannesevangelium heißt es einmal: »Wer Sünde tut, ist der Sünde Knecht. Wenn euch aber der Sohn frei macht, dann seid ihr recht frei« (Joh 8,34b.36). Hier wird behauptet: Die Bindung an den Sohn führt in die Freiheit aus der Versklavung unter andere Götter. Damit sind wir dann aber wieder beim Zentralbekenntnis christlichen Glaubens: »Ich glaube an Jesus den Christus.« Das heißt: In der Bindung (im vertrauenden Glauben) an ihn finde ich die Freiheit, die mir andere Götter vorenthalten. Das kann man zwar niemandem beweisen. Das kann man sich auch nicht denkend erarbeiten; das kann man nur erfahren, wenn man diesen Glauben wagt.

Hat dieser Glaube aber deswegen nichts mehr mit dem Denken zu tun? Das wird man nicht behaupten können, denn wenn ich jemanden einladen will, sich auf diesen Glauben einzulassen, in dem ich die Freiheit erfahren habe, dann muß ich ihm doch zeigen, was das heißt, an Jesus zu glauben; dann muß ich ihm zeigen, wer dieser Jesus ist; dann muß ich ihn informieren.

Damit bin ich wieder bei vorhin Gesagtem. Wer diesen Glauben wagen möchte, glaubt zunächst einmal – mir. Er glaubt mir, daß ich ihn sachgemäß unterrichte über den, an den er dann glauben soll. Das heißt aber (wie Paulus es einmal ausdrückt): »Der Glaube kommt aus dem Hören« (Röm 10,17a). Er kommt aus der Predigt, dem Gespräch, aus dem Wort. Er kommt also immer durch Vermittlung zustande. Mein Hörer wird durch das Wort eingeladen, sich auf diesen Glauben einzulassen; und ich sage ihm: »Damit läßt du dich auf Jesus ein.«

Stimmt das aber wirklich? Der Hörer läßt sich doch eben zuerst immer auf andere Menschen ein: auf die Kirche, den Pastor, den Lehrer. Inwiefern ist das dann Glaube an Jesus? Wir wissen doch einfach, daß dieser Glaube bei verschiedenen Menschen sehr unterschiedlich aussieht, genauer: daß dieser Glaube im einzelnen sehr unterschiedlich formuliert wird. Wäre das nicht der Fall, hätten wir keine Kirchenspaltung. Wir hätten auch nicht den Streit, der heute insbesondere die evangelische Kirche (aber nicht nur sie) so notvoll durchzieht. Was verschiedene Menschen, die ja alle Christen sein wollen, als Glauben an Jesus bezeichnen, ist also offenbar nicht dasselbe.

Wer hat recht in diesem Streit?

Wir wollen diese Frage nicht zu schnell beantworten, denn dann würde wahrscheinlich einfach Behauptung gegen Behauptung stehen. Damit wäre keinem geholfen; und nichts liegt mir ferner, als hier zu polemisieren, um am Ende die Formulierung meines Glaubens anderen gegenüber durchzusetzen. Ich möchte uns vielmehr vor die gemeinsame Verantwortung, und das heißt nun, vor die gemeinsame Aufgabe stellen. Dazu müssen wir uns aber erst einmal die Problematik noch ein Stück weiter verdeutlichen.

Es geht hier nicht (wie man wohl gelegentlich hört) darum, daß der eine glaubt, der andere aber Glaubenszweifel hat oder (etwa gar, weil er denken will) den Glauben verweigert. Vielmehr wird jeder in einen bestimmten Glauben hineingestellt, in dem er sich dann geborgen und gehalten weiß, den er lebt. Einer hat ihn schon aus seinem Elternhaus mitbekommen. Hier wird sehr viel Unbewußtes mitschwingen. Ein anderer hat später hinzugefunden. Jeder aber sagt nun, er glaube an Jesus. Darf er das jedoch, wenn er zugleich feststellen muß, daß ein anderer einen offenbar anders formulierten Glauben auch Glauben an Jesus nennt?

Wir müssen daher über den Orientierungspunkt nachdenken, an den die verschiedenen Christen mit je ihrem Glauben gebunden sind.

Damit nun kein Mißverständnis entsteht, möchte ich sofort sagen: Ich brauche dieses Denken nicht, um meines Glaubens gewiß zu werden. Ich setze hier vielmehr voraus, daß jeder in seinem Glauben gewiß ist: der Protestant, der Katholik, der Anhänger der Bekenntnisbewegung, der Vertreter einer modernen Theologie. – Ich brauche dieses Denken aber auch nicht, um die Wahrheit meines Glaubens zu beweisen. Glaube (nicht nur christlicher, sondern jeder Glaube) muß gewagt werden. Die Wahrheit wird dann im Wagnis erfahren, kann aber nicht mit Hilfe des Denkens verifiziert werden. Insofern haben also die, die das Denken vom Glauben trennen möchten, recht.

Wohl aber brauche ich dieses Denken, um zu kontrollieren, ob ich in meinem Glauben, in dem ich stehe, so orientiert bin, daß ich ihn zu Recht Glauben an Jesus nennen darf. – Beides muß man scharf auseinanderhalten.

Dieses Denken wird man sicherlich nicht von jedem Christen fordern können. Nicht jeder ist dazu in der Lage, obwohl ich der Meinung bin, daß sehr viel mehr Christen ihren Glauben bedenken könnten und darum auch sollten, als es heute geschieht. Denn darüber müßte doch Übereinstimmung zu erreichen sein: Wer dieses Bedenken des Orientierungspunktes seines Glaubens nicht durchführt, bleibt auf eine fremde Autorität angewiesen: auf die Kirche, auf den Pastor, auf den Lehrer, auf andere Christen, auf die Tradition seines Elternhauses.

Nun behaupte ich natürlich keineswegs, daß diese alle den Glaubenden falsch darüber unterrichtet haben, wie Glaube an Jesus auszudrücken ist. Man muß aber doch einfach feststellen, daß das unterschiedlich geschieht. Wird nun das Gehörte denkend kontrolliert, dann *kann* es geschehen, daß das, was als Glaube an Jesus ausgegeben wird, unversehens Glaube an die (nun natürlich: eigene) Kirche, Glaube an den Pastor, Glaube an den Lehrer bleibt. Und dann stehen diese an der Stelle, wo nach christlichem Verständnis eigentlich Jesus stehen sollte.

Ich möchte noch einmal betonen, daß ich weder der Kirche noch dem Pastor oder dem Lehrer oder sonst einem unterstellen will, daß sie diese Bindung an sich selbst statt der Bindung an Jesus wollen. Daß das aber nicht der Fall ist, muß eben (wie die Dinge nun einmal liegen) kontrolliert, kann jedoch nicht vorausgesetzt werden.

Darum fordert der christliche Glaube gerade heute zum Denken auf, denn nur bedachter Glaube kann wirklich verantwortet werden. Das ist ganz wörtlich gemeint: Nur wenn ich denke, kann ich Antwort geben über meinen Glauben, wenn ich danach von einem anderen gefragt werde. Und nur wenn wir denkend uns um eine gemeinsame Antwort mühen, haben wir die Chance, die bestehenden Trennungen zu überwinden. Wer nicht bereit ist zu denken, kann hier nicht helfen. Ich möchte damit kein Urteil über ihn sprechen. Das steht mir nicht zu. Man wird jedoch sagen müssen: Wer das Denken über seinen Glauben ablehnt (obwohl er es könnte!) und wer andere an diesem Denken hindern will, macht sich mitschuldig an der Fortdauer der Trennung der Kirchen, denn er isoliert sich. Er verweigert die Verantwortung seines Glaubens als Glauben an Jesus und zwingt zugleich andere in gerade seinen Glauben hinein, das heißt aber: Er macht sich selbst zur Norm; er setzt sich selbst an die Stelle Jesu.

Nun ist die denkende Verantwortung des Glaubens sicher in besonderer Weise eine Aufgabe der Theologen, denn es gehört Sachkenntnis dazu. Darum will ich gern zugeben, daß für einen Nicht-Theologen hier manches sehr kompliziert aussieht. Aber darf man dann resignieren? Wem sein Glaube etwas wert ist, der wird auch bereit sein, einige Mühe dafür aufzuwenden. Die Theologen treiben ihre Arbeit doch nicht für sich selbst, sondern stellvertretend für alle Christen. Das darf aber nicht heißen, daß sie sie *an Stelle* der anderen Christen treiben, sondern sie treiben sie *für* sie. Und wenn es vor etwa einer Generation noch so gewesen sein mag, daß theologische Literatur für Nicht-Fachleute fast durchweg unverständlich war, dann kann man heute in zunehmendem Maße auf Veröffentlichungen hinweisen, die sehr einfach Zugang zu den Fragen des Glaubens gewähren, indem sie anleiten, ihn zu bedenken.

Nach dem Gesagten wird man sicher verstehen, daß ich Mut zum Denken machen möchte. Vielleicht kann dann auch der Lohn, der hier winkt, den Mut anspornen. Im Denken lassen wir ja Unbewußtes hinter uns, machen wir uns das Unbewußte bewußt. Eben damit aber eignen wir es uns in Wahrheit überhaupt erst an. Nur in dem Maße, wie wir denken, werden wir mündig.

Wir sprechen heute so oft von der mündigen Welt und bejahen sie doch wahrscheinlich alle. Diese mündige Welt aber braucht mündige Christen. Mündigkeit erreicht jedoch nur der Christ, der denkend seinen Glauben verantwortet. Denn nur der glaubt in Wahrheit *selbst*.

Nachweis der Erstveröffentlichungen

1. Die Sache Jesu – Plädoyer für einen Begriff, 1975, unveröffentlicht.
2. Seit wann gibt es christlichen Glauben? 1975, unveröffentlicht.
3. Jesus – Bringer oder Inhalt des Evangeliums? 1975, unveröffentlicht.
4. Die Mahle Jesu und das Abendmahl der Kirche, 1966 (Vortrag im Süddeutschen Rundfunk); abgedruckt unter dem Titel: Das Mahl – Vorstellungen und Wandlungen, in: Hans Jürgen Schultz (Hg.): Die Zeit Jesu (Kontexte 3), Kreuz-Verlag Stuttgart, 1966, S. 91–97.
5. Die sogenannten Heilsereignisse zwischen Karfreitag und Pfingsten, zuerst veröffentlicht in: Entschluß. Zeitschrift für Praxis und Theologie, Verlag Styria Graz und Wien, 1975, S. 253–258.
6. Die Heilsbedeutung des Kreuzes – der Kreuzesweg der Nachfolge, 1974, unveröffentlicht.
7. Wie kann man heute (noch) von »Auferstehung der Toten« reden? 1975, unveröffentlicht.
8. Glauben und Denken, 1968 (Vortrag im Hessischen Rundfunk), abgedruckt: Volker Hochgrebe (Hg.): Christliche Verantwortung, Arena Verlag Würzburg, 1968, S. 330–339.